JN198196

神奈川大学人文学研究叢書 53

多文化共生社会における情報発信を再考する

神奈川大学人文学研究所
「言語景観と多文化共生」
共同研究グループ　編

Kurosio　くろしお出版

まえがき

　本書は、神奈川大学人文学研究所の「言語景観と多文化共生」共同研究グループによる研究成果である。多文化共生とは、「多文化共生の推進に関する研究会報告書」（総務省 2006 年）にあるとおり、さまざまな立場にある人々が「互いの文化的な違いを認め合い、対等な関係を築こうとしながら、地域社会の構成員として共に生きていくこと」である。

　本共同研究グループは、「観光立国実現へ向けた言語景観—多文化共生社会での情報発信を再考する—」という研究課題で、2020 年 4 月から 2023 年3 月まで神奈川大学共同研究奨励金の助成を受けられることになった。もともとは、多文化共生の観点から観光と言語景観に関する諸現象を調査・分析・考察する予定だったのである。しかし、新型コロナウィルス感染症（COVID-19）の世界的な流行によって、研究開始直後の 2020 年 4 月に緊急事態宣言が発出され、事前に計画していた観光地での現地調査を実施できない状況に直面した。

　予想外に長引いたコロナ禍の期間中は、オンライン会議ツールを利用して定期的に研究会を開催しつつ、それと並行して、各メンバーは、観光地での実地調査に行かなくてもできることを探した。例えば、外国人観光客だけでなく外国人定住者や滞在者にもかかわる情報発信のあり方に目を向けたり、旅行時以外に日常でも利用可能な公園や公共施設に注目したり、大学キャンパスや自宅所在地周辺で言語景観を観察・撮影したり、公共サインや観光パンフレットを分析したり、という具合である。

　そのため、本グループの活動は、大なり小なり当初の予定とは異なる方向に進んできた。紆余曲折を経た結果、これまでさほど注意されてこなかった事象をあつかうことにもなって、「多文化共生」という漠然とした概念を分析的にとらえる足がかりにできたかもしれない。

　実際に「どういう異なる立場の人どうしで（観光客・現地住民・現地語の理解度・習熟度の高低等）、どういう状況のもとで（日常・非日常、平常時・災害時、対面・非対面等）どういう問題が生じ（提供情報の有効性、対人配慮上のイメージ等）、どういう方法での解決が必要となり（使用言語や表記方法の選択、提供情報の内容策定等）、その結果どう共生していくのか（利便性やイメージの向上、不平等の解消や不当評価の回避等）」というように、「多文化共生」にかかわる諸要因の具体化を考える機会にできたと言えるかもしれない。「禍を転じて福と為す」研究活動になったことをのぞんでいる。

　本書では、多文化共生社会においてどういう情報をどう発信するのがのぞましいか、時には情報を受けとる立場にも身をおきながら、メンバーそれぞれの着眼点から、研究対象となる事象について現状を記述し、今後、改善や解決が求められる課題の提起にも取り組んだ。各章には写真も多数掲載されているが、どの執筆者も、特定の情報発信者を批判する意図はまったくない。本書で記述の対象にならなかった類似の事象にも参考価値を提供できるよう期待してのことである。その点をご理解いただけたら幸いである。

　なお、本書は全四部・合計八章で構成されている。4つのコラムもふくめて、ゆるやかな内容のつながりをもたせてあるが、興味・関心にあわせて、どの章から読んでいただいてもさしつかえない。コロナ禍と同時にはじまった本共同研究の成果が、社会のさまざまなところで「多文化共生」や「情報発信」にかかわっている方々に少しでも役に立てるよう切に願っている。

神奈川大学人文学研究所
「言語景観と多文化共生」共同研究グループ

目次

第 1 部

観光情報の発信と
旅行者の利便性を考える

第｜章

横浜の言語景観と観光情報発信
―港街の魅力発信に関する考察―

由川美音

要旨

　日本国内において、観光地としての横浜の知名度は高い。しかし、東京を旅行の起点として入国する、あるいはクルーズ船で訪れる外国人観光客には、横浜は東京近郊であるが故に、観光地として選ばれないという問題点がある。そこで、本研究では、横浜に見られる多言語景観における情報発信について、横浜市港湾局職員の情報や言語景観の観察をもとに考察を行う。

　本論では、外国人観光客が横浜を訪れる際に生じる可能性のある問題として、目的地へのアクセスや情報のわかりにくさを指摘している。言語景観の中でも、特に街頭にある、方向や距離を示す誘導サイン・地図などの案内サイン・施設の解説をする説明サインに注目し、固有名詞の表記の揺れが混乱を引き起こす可能性があるため、ガイドライン適用外の事業者にも表示の統一を求める必要があることを提案した。また、観光案内所では外国人観光客のニーズに合った資料が不足している現状があり、それを改善することも提案する。さらに、地元の「人」とのつながりを感じられるコンテンツを開発し、それを多言語で提供することで、横浜観光を促進する施策の案を述べている。

キーワード

横浜、公共サイン、多言語観光資料、コト消費、アクセシビリティ

1. はじめに

1.1 問題意識

　筆者は観光案内所に勤務した経験を持ち、江ノ島を拠点に活動する外国語観光ボランティアガイドとしても活動している。観光案内業務に従事するにあたっては、案内所を訪れる観光客が、限られた時間内に、より安全で効率よく目的地に到達できる情報提供を原則として、できる限り彼らの旅行体験が快適で思い出深くなるような支援を心がけてきた。

　本研究テーマの出発点は、横浜港湾局職員からの情報であった。それは、横浜は大型客船が入港できる国際ターミナルがあるものの、クルーズ船利用客の中には、停泊中に近隣の東京・鎌倉・江ノ島などへ出かける人が多く、なかなか横浜を観光してもらえないことが悩みなのだという。日本語を母語としない観光客が、横浜を周遊するとしたらどのような問題が起こりうるか。目的地へのアクセシビリティ（自力で到達できるかどうか）を向上させたり、横浜でより豊かな体験をしてもらったりするために、どのような工夫ができるのか。彼らが目にするであろう言語景観の観察を通して考察し、外国人観光客にもっと横浜を楽しんでもらえるような魅力発信ができないか、改善点を提起したい。

　なお、本論で扱う言語景観とは、街頭の公共サイン[1]、観光案内所内部の多言語表示と案内所で提供される多言語資料とする。また、言語景観の中の語種について述べる際には、英語は「英」と略すなど、以下に示すように、原則として漢字一字の略称を用いる。中国語は「中」、フランス語は「仏」、スペイン語は「西」、韓国語は「韓」、ドイツ語は「独」、オランダ語は「蘭」、ポルトガル語は「葡」、ロシア語は「露」。さらに、中国語表記については、簡体字表記は「簡」を、繁体字表記は「繁」を略称として使うこととする。

I.2　外国人観光客と多言語情報・多言語景観

　外国人観光客は、自分で事前に調べてきた訪問地の情報に加え、旅行先の宿泊施設・案内所・街頭看板・観光施設等様々な場所で観光情報にふれ、旅の計画を練り、修正し、そしてそれを実行する。筆者の経験では、アジア系の旅行者は念入りに事前調査をして行程を組んでから訪日する傾向にあり、案内所では具体的に目的地への交通手段や所要時間を尋ねたり、効率よく回る順番を相談されたりすることが多い。一方で、欧米系の旅行者は日本で訪問したい都市を決めて来日しているものの、その土地に来てから情報を集めて目的地を決めたり、おすすめの場所・グルメ等を尋ねてそれを体験したりする傾向にあり、計画は流動的であることが多い。ただ、どちらであっても、最終的には、案内所を出てから目的地に着くまでの交通手段を案内し、確実に営業時間内に観光できるよう案内所職員が観光客を支援することに変わりはない。

　観光客が移動で頼りにするのが、案内所で渡す観光マップや街頭の誘導板・案内地図である。

　観光マップは、フリー Wi-Fi のある駅や店舗を離れた後、彼らの移動を助ける有用なツールであると考える。自分の母語で書かれたものがあれば、訪問客も喜んでくれることが多い。筆者の勤務していた観光案内所では、外国人観光客用に英・簡・繁・仏・西・韓の 6 種類の観光マップを配架し、案内でもその地図に行き先の印をつけたり、そこへ行くバスの乗り場番号を記したりして訪問客に持たせていた。

　移動経路を示した地図が手元にあっても、進む方向が正しいかどうかを確認することはできない。それには、特定の施設までの方向や距離を示す誘導サイン [2] や、周辺地図や歩いている道の名前がわかるような案内サイン [3] が手助けになるだろう。目指す施設内や移動中に通過する施設付近に、その場所について解説する説明サイン [4] があれば、地図上で現在位置を確認でき、さらにその場所に対する理解も深まって、そこでの体験をより印象深いものとすることができるかもしれない。

　このように、外国人観光客が旅行中に目にする資料・公共サインは様々な

ものがあり、それらは訪日中の旅行体験に深く関わっていることがわかる。このことは、近年、公共サインの多言語化が推進され、JNTO 認定外国人観光案内所（2.3 で詳述）が普及してきた要因でもある。これらの資料や情報提供をする案内所、公共サインの多言語化は、彼らの旅行中の利便性にも大きく寄与するものであるといえる。

2. 横浜の多言語景観

2.1 市内の公共サインガイドライン

　横浜市には、1996 年に策定された公共サインのガイドラインがあり、2011 年に多言語表示とすることが追補された。現在確認できる 2018 年の改訂版には、日本語・英語・中国語・韓国語の 4 言語表示を基本とし、中国語は簡体字を基本とするとある（p. 20）。特定の施設までの方向や距離を示す誘導サインは 4 言語表記にすること、周辺地図のような案内サインにおいては、交通の結節点やピクトグラムの凡例については 4 言語表記、その他は日・英 2 言語で表記することが書かれている。また、このガイドラインには、「4 言語表記一覧」として市内の地区別に施設名の翻訳例を示しており、駅名や公共施設の表記が場所によって違う訳語にならないよう配慮がされている。

2.2 駅や施設内の多言語表示

　横浜駅・桜木町駅・関内駅・元町中華街駅周辺の誘導サインや案内サインは、日・英・簡・韓の 4 言語表記が普及している。みなとみらい地区では、これに加えてフランス語が付記された案内サインも見かけるようになった。フランス語も併記された案内サインは、横浜市港湾局によって 2022 年 12 月に更新されたもので、海抜標高や QR コードを介した 15 言語による旅行案内サイトへのリンクも表示されていて、提供される情報も日々進化していることが伺える。

2.3　観光案内所の多言語表示・多言語観光資料

　外国人観光客への情報提供の拠点である観光案内所には、JNTO による認定制度がある。外国人に対する観光案内所としての機能―対応言語数や提供情報の内容など―ごとに「カテゴリー 3 〜 1」および「パートナー」の 4 つのカテゴリーに分かれており、日本全国で約 1,500 カ所が外国人観光案内所として認定されている。最上位のカテゴリー 3 は、常時英語＋ 2 言語での対応を目指し、日本全国の観光案内を提供でき、原則年中無休で Wi-Fi を提供する案内所である。カテゴリー 2 は、常時英語での対応が可能で、広域の案内を提供する。いずれも、対応言語については、テレビ電話や翻訳機などのツールの力を借りてもよいことになっている。

　横浜市にあるカテゴリー 3 認定案内所は、横浜駅観光案内所と桜木町駅観光案内所の 2 カ所である（新横浜駅観光案内所は 2024 年 3 月に有人による案内を終了）。実際に訪れてみると、カテゴリー 3 の案内所であっても、施設内の掲示物は日・英の 2 言語表記が基調で、口頭での案内が 3 言語対応であっても、掲示物全てが 3 言語化されているわけではないことがわかった。ただ、同じくカテゴリー 3 の新宿観光案内所などでも同様の状況が見られ、横浜の 2 軒の案内所が、特別整備が遅れているわけではないと推測できる。

　横浜駅観光案内所に置かれている多言語資料は、駅周辺の観光地図とロープウェイのパンフレットが日・英・簡・繁の 4 種配架されており、他にもアンパンマンこどもミュージアム（日・英・繁）、三渓園（日・英・簡）のものが置いてあったが、基本は日本語資料だけを配架している施設が多かった。

　横浜港大さん橋国際客船ターミナルインフォメーションは、カテゴリー 2 認定の案内所で、鉄道駅併設の案内所と異なり、東京湾や離島への船旅の案内資料が充実しているが、資料は日・英 2 言語表記が中心であった。施設内の主な誘導サイン・案内サインは日・英・簡・韓 4 言語表示であったが、屋外の眺望ポイント紹介など、一部日・英 2 言語の説明サインもあった。

3. 多言語資料・多言語景観に関する問題点と改善策

3.1 街頭のサインに関して

　街頭で目にする誘導サインに示される施設名が統一されていないと、自分の探している目的地を見失う可能性がある。

　例えば、「みなとみらい」はひらがなの地名で直接漢字を変換するだけでは中国語に翻訳できず、街頭の誘導サインで複数の訳語を見たことがある。1つは、「みなと」と「みらい」の2単語に分け、それぞれ訳して合わせた"港口未来"という表示（写真1）。もう1つは、ガイドラインにもある"港未来"（写真2）。こちらの訳語は、「みなとみらい」をそのまま日本語漢字「港未来」に変換し、それを簡体字に変換したもので、どちらも横浜駅東口周辺で確認したものである。公園や商業施設内の誘導サインは、上述の公共サインガイドラインの適用範囲[5]ではないという事情はあるが、観光客にとっては

写真1（上）　横浜駅東口周辺の誘導サイン　「みなとみらい」の簡体字表示は"港口未来"
写真2（下）　横浜駅東口周辺の誘導サイン　「みなとみらい」の簡体字表示は"港未来"
いずれも 2024 年 9 月・横浜市

なるべく訳語が統一されている方が、迷うことなく安全に目的地に着く補助となるのは間違いない。

　横浜市内の例ではないが、神戸市三宮駅の地下街「さんちか」も固有名詞としてひらがなが使われており、こちらの簡体字表示は「Santica（三宮地下商店街）」とローマ字と意訳が併記してあり、あえて訳語を作らないタイプもある（写真3）。

　誘導サイン・案内サインに記載の施設名だけでなく、説明サインにおける固有名詞の訳語にも注意が必要だ。藤沢市の遊行寺では、現場で QR コードを読み取ることで、観光スポットの説明を多言語で読めるサービスを提供していることを地域情報紙の記事で読み、見に行ったことがある。QR コードによる情報提供と多言語翻訳の

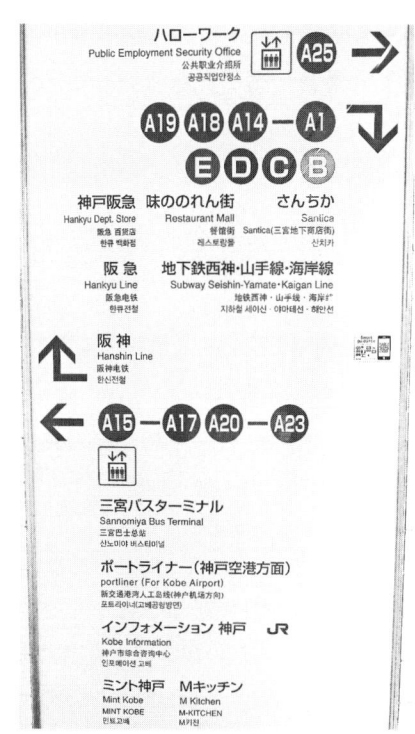

写真3　神戸市内地下道の誘導サイン「さんちか」中国語訳は音訳と施設の性質を示す意訳の併記。左下の「ミント神戸」は "MINT KOBE" と音訳のみ。「M キッチン」は "M KITCHEN" と英訳を援用した音訳。
2022 年 2 月・神戸市

サービスを提供する「多言語おもてなし.com」のシステムを利用しており、日本語であらかじめ設定してある文章を自動翻訳で英・簡・繁・韓・タイ・ベトナム・仏・西の 8 言語に変換して表示したり、あらかじめこれらの言語での情報を入力しておくことで、それを表示したりする仕組みとのことである。ところが、中国語による説明文の中で、「遊行寺」が "裕光寺"（簡・繁）、"汤光寺"（簡）、"佑光寺"（繁）と様々な漢字に翻訳され、訳語の不一致から説明の内容が理解しづらい状況が見て取れた（2021 年 10 月当時）。多言語で情報提供することで利便性を高めたつもりが、このような状況では、かえっ

て外国人観光客の多言語情報に対する満足度を下げてしまう可能性がある。

　固有名詞の訳語については、特定の表現の使用が浸透するまで方々で訳された言葉が混在し、統一するのが難しいのかもしれないが、市の公共サインガイドライン適用範囲外の施設・公園であっても、できる限り同ガイドラインを参照してもらうよう、横浜市にはガイドラインの周知に力を入れていただきたいと考えている。

3.2　案内所で提供する資料に関して

　案内所に、目的地に着いてから手に入ればよい各施設の多言語資料を豊富にそろえる必要はないが、その土地に来てから観光プランを立てる欧米系の観光客に対しては、案内所に外国語版のパンフレットがあれば、実際の訪問につなげられる可能性がある。

　だが、それよりも安全で効率のよい移動に大事なのは、案内所と目的地の間を移動する際の手がかりとなる、案内所と目的地の両方が記載された観光地図である。上述の横浜駅観光案内所で職員に話を聞いたところ、訪問時、アジア系に人気の観光施設は GUNDAM FACTORY YOKOHAMA（2024 年 3 月閉館）、欧米系に人気なのはみなとみらいとのことであった。しかし、どちらも横浜駅から歩いて行くには少し距離があるため、周遊バスの案内をしたいが、適当な資料がないとお困りのようであった。

　話に出た周遊バスは、「あかいくつ」（1 周 78 分）と「ベイサイドブルー」（1 周 80 〜 90 分）の 2 ルート走っており、それぞれ十数カ所の観光施設を巡るバスである。1 回 220 円、または市営地下鉄・市営バスの 1 日乗車券「みなとぶらりチケット」や市営バスの「バス 1 日乗車券」でも利用できる。車内の言語景観については、次のバス停や行き先を示す車内前方のサイネージが日・英・簡・韓 4 言語で表示されるため（写真 4）、外国人観光客にとっても、目的の施設に着いたかどうかはわかりやすい。一方で、車内掲示物は日・英 2 言語表示が基本で、次のバス停で下りる際に鳴らすブザーのボタンも、日・英 2 言語のみである。「お願い」と書かれた禁止行為に関する説明や「ブザーが鳴るとドアは自動開閉します」のような一部注意書き

写真 4（上）　ベイサイドブルー車内サイネージ（日・英・簡・韓）
写真 5（下）　あかいくつ車内　「お願い」と書かれた禁止行為に関する規制サイン[6] は日本語のみ

いずれも 2023 年 4 月・横浜市

は日本語のみの表示であった（写真 5）。

　周遊バスは、場合によっては遠回りとなるため、所要時間は多少かかるかもしれないが、目的地ごとに乗るバスを選ぶ必要がなく、乗れば目的地まで連れて行ってもらえるので、土地勘のない外国人観光客に優しい移動手段といえる。車内の掲示が一部日本語しかないのは残念だが、「物品をみだりに車外へ投げる」「走行中の自動車に飛び乗り又はこれから飛び降りる」などの禁止行為は、常識的に危険な行為であるのは明白である。どの扉から乗車し、どの扉から降車するのか、料金はいつ支払うのかさえ理解していれば、乗客の安全面に問題はないといってもよいだろう。周遊バスの日本語資料には、所要時間約半日のオススメコースが紹介されており、初めて来た人でもそれを参考に時間調整ができそうである。今後は、現在発行されている日本語版の案内を多言語化することで、外国人観光客に優しい移動手段である周遊バスの案内がしやすくなれば、アクセシビリティ向上にも一役買える。

3.3　横浜にしかない魅力の発掘

　一昔前は、中国人の爆買いが話題を呼び、外国人観光客にどんなモノを提供するかが、彼らの満足度が高く経済効果も高い観光施策であったが、時代はモノ消費からコト消費へと変わり、「日本」を感じる場所や体験が好まれるようになった。また、SNS の普及により、友人に自慢できるグルメ体験や景勝地・ロケ地訪問も需要が高いと聞く。

　中華街を有する港町という共通項を持つ神戸・長崎も調査に行ったが、神戸は外国人観光客に向けたプロモーションで、震災からの復興を遂げた街というイメージや、神戸牛・日本酒といったグルメの魅力を全面に出しているようである。特にグルメに関しては、神戸牛が食べられる飲食店の公式マップが英・簡・繁・韓 4 言語で作られており、写真付の案内図の裏側には、日本酒や洋菓子・コーヒー・パンといった他の食品にも興味を持たせる工夫が見られた（写真 6）。長崎は、2 つの世界遺産や、平和の発信で人々を引きつけていることを感じた。長崎原爆資料館には、10 言語のパンフレットが用意されており、展示資料の解説には全て英語が付記され、主だったところには簡・韓でも表記されていたり、QR コードのリンクから 11 言語(アラビア語・簡・独・英・西・仏・日・韓・蘭・葡・露) で閲覧できるようにしたり、より多くの人に母語で理解してもらえる環境の整備が素晴らしかった(写真 7)。

　では、横浜の独自の魅力は何か。その 1 つは、海辺の風景・西洋風の文化財建築・中華街のグルメで、コンパクトに和洋中を楽しめるところではないだろうか。キングの塔・クイーンの塔・ジャックの塔の愛称で知られる神奈川県庁をはじめとした文化財建築は、どれも西洋風建築ではあるが、横浜の歴史に関わる施設でもある。また、世界最大級の中華街は、日本人観光客にも人気のグルメスポットである。海辺の風景は島国日本の特徴であるが、横浜は神戸・長崎に比べて夜景も賑やかである。夜に安心して町歩きができるのも、治安のいい日本の魅力として打ち出すことはできないだろうか。文化の結節点である港街として和洋中の文化を全て備え、それをわずか半日〜1 日で体験できるのは、日本の都市の中でも珍しいはずだ。

写真 6　神戸牛レストラン公式ガイド（繁・韓・簡・英）　2022 年 2 月入手

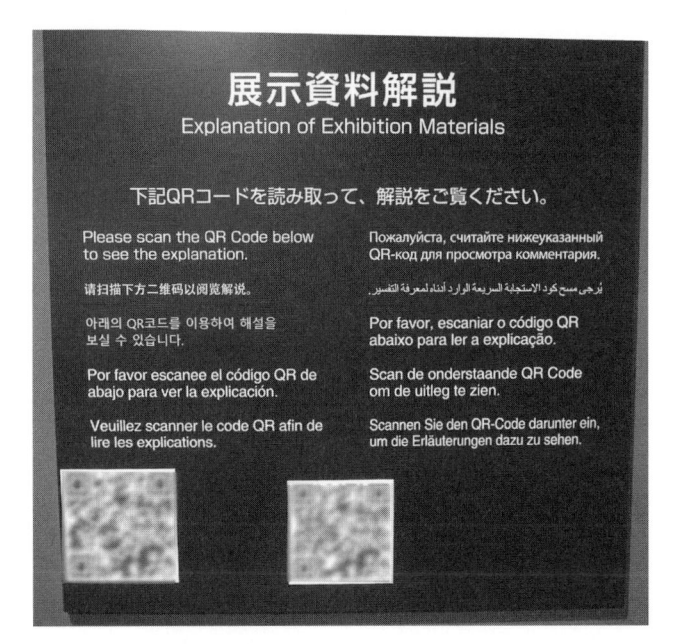

写真 7　展示資料の解説は、QR コードのリンクから 11 言語（日・
　　　　英・露・簡・アラビア語・韓・葡・西・蘭・仏・独）で閲
　　　　覧できる。QR コードは読取できないように改変。
　　　　　　　　　　　　　　　　　　　　　　2022 年 2 月・長崎市

3.4　キーワードは地元の「人」との関わり

　横浜の今ある要素にアピールポイントが見つからないなら、街の魅力を新たに作り出す方向で考えてみるのもよい。差し当たっては、横浜の「人」との交流を入れることを提案したい。

　近年訪日観光客の増加により、日本を再訪する外国人客も増えたが、彼らは東京－大阪間のいわゆる王道コースは経験済みのため、地方へ足を伸ばすようになった。JNTO のインバウンド対応事例では、外国人観光客を呼び込みたい地域での自然体験・食文化体験、ハイキングやサイクリングなどのコト消費事例が多数紹介されており、その中でも地域住民との交流に対する満足度は高いようだ。このことから、訪問先の土地に暮らす人との交流も、「日本」を感じる要素となると考える。

　「横浜・みなとの街歩きガイド」では、みなとみらい地区に集中する企業ミュージアムを巡るコースが紹介されている。日本の技術力を間近に見られるのは魅力だが、限られた時間に多くの施設を見て回ることは難しく、娯楽という視点からは万人受けするコンテンツではないかもしれない。しかし、そこにその企業や横浜に根ざした「人」との交流が加わるとしたら、少し「日本」的体験となりうる。例えば、ミュージアム内ではただ展示を見て回るだけでなく、ガイドがつくだけでも人との交流が生まれる。

　ガイドと一緒に行動することは、実際にこの地の「人」と交流できる手段として有用ではある。富裕層の観光客であれば、通訳ガイドを雇う経済的な余裕もあるだろう。しかし、一般的に通訳ガイド（おそらく地域のボランティアガイドでも）は前もっての予約が必要であり、寄港地に着いてからの流動的な計画には不向きである。この点で、本論の対象であるクルーズで寄港する外国人観光客の需要には合わない。

　「人」と関わる実例の 1 つとして、地域情報紙『横浜 STORY』に掲載されていた観光タクシーの記事で「フェリス女学院大学コラボ企画おすすめ 3 コース」の紹介を発見した。実際にガイドするのは観光タクシー認定ドライバーだが、横浜に縁のある学生がおすすめしている場所には、何か横浜に関わるストーリーがあるはずで、その学生の体験エピソードを聞きながら巡っ

写真 8　兵庫区ぶらり散策マップ（日のみ）
　　　　左は平野界隈版、右はノエビアスタジアム神戸界隈版　　　　2022 年 2 月入手

た場所で経験したことは、その旅行者だけの横浜体験になるのではないかと
考える。

　同じく地元学生の関わる企画として、神戸市兵庫区のぶらり散策マップも
参考にできそうだ（写真 8）。裏面の説明によると、兵庫区民まちづくり会議
が発行する資料で、「徒歩圏域で巡れるグルメや歴史、産業遺産等」の魅力
を発信するため、「25 人の学生の協力を得て、地域住民へのヒアリングをも
とに、ヨソモノ×ワカモノの視点で魅力を感じるスポットを発見することを
目的にまち歩き及びワークショップを実施」して製作された散策マップなの
だそうだ。神戸女子大学砂本研究室と明石工業高等専門学校の「都市景観計
画」受講生が協力しており、どちらも住宅・住宅地や都市空間に関わる分野
を専攻する学生のようである。地図上には合わせて 25 カ所の観光施設やグ
ルメスポットの写真が掲載され、それらの簡単な説明に加えて、撮影スポッ
トの表示もある。この散策マップを片手に、ローカルな空間を歩いて学生お
すすめのグルメを味わう体験は、「日本」を感じるコンテンツとなるだろう。

　さらにもう1つ、3.3節の冒頭で、外国人観光客の求める自慢できる体験として、景勝地での写真撮影（SNS投稿）をあげたが、景勝地を求めて市民の選ぶお気に入りの場所を訪れることも、その土地の「人」と関わる体験を生むであろう。長崎市まちづくり部景観推進室発行の『坂みち景観13選 in NAGASAKI』には、2年に1度行われる長崎市都市景観賞で選ばれた13の優れた坂道景観を「長崎の歴史と魅力がつまった坂みち」と紹介している。同賞の候補作品は市民からの応募で集め市民による投票も実施されており、この点をうまく伝えられれば、その地を訪れた旅行者たちの写真撮影も地元の「人」とのつながりを含む体験になる。調べたところ、横浜市でも過去に「横浜まちなみ景観賞」を、現在は「横浜・人・まち・デザイン賞」の表彰をしているため、その受賞作と連携して横浜らしい風景を選び、おすすめ撮影スポットとしてもよいであろう。選んだ人の思い出やイチオシポイントを知った上で訪れれば、観光スポットではなくても、ただの風景ではなく、「横浜の誰かの思い入れのある土地」として記憶に残るのではないだろうか。

3.5　横浜の魅力の発信

　3.4で紹介した3件の「人」を介したコト体験提供事例は、どれも日本語資料による情報発信例であった。本論では、外国人観光客への魅力発信の課題を探ることが目的であるため、地元の「人」が選んだおすすめを活用した横浜の魅力あるコンテンツを、まずは対象者に周知する外国語資料としてまとめることを提案したい。できれば、徒歩で回るコース・周遊バスで巡れる場所を中心にまとめたコースなど、移動手段ごとに複数の選択肢があると利用者の年齢や嗜好に合わせて選べてよいであろう。筆者が研究員として所属する神奈川大学は、国際日本学部に観光を学べるコースがあり、外国語学部には英語・スペイン語・中国語を学ぶ学生もいる。いずれもみなとみらいキャンパスで学ぶ学生であり、彼らも横浜に関わる「人」である。機会があれば、産学連携プロジェクトでこの街の課題にともに取り組んでみて欲しい。観光地のすぐ側に通う地の利を活かして情報収集し、ぜひ彼らの視点で横浜の魅力を発掘したり、彼らの専門分野を活かして外国語翻訳にも挑戦し

たりしてもらいたい。

　また、上記外国語資料は、大さん橋や横浜駅・桜木町駅を起点に、周遊バスや電車でのアクセス方法が記載されたものであれば、案内所での情報提供に役立てることもでき、より実用的だ。筆者が案内所業務に従事していた時には、自社作成の資料がほとんどなく、市や外の団体から提供される資料を使って案内していたが、訪問客が知りたい情報を掲載している資料がなかったり、逆に伝えたい情報が複数の資料に散らばっていて、何枚も渡すのは相手の荷物を増やすことにもなるため困ったり……何度も隔靴掻痒の経験をした。観光資料作成の際には、ぜひ、普段それらを使って案内をしている職員たちの意見を聞いて改訂する機会を持ち、現場のニーズに合った良質の資料を作成してもらいたい。

　さらに、作成した資料はデジタルコンテンツとしても観光情報サイトに提供し、来日前の外国人観光客の目にとまるよう、海外向けのプロモーションに利用すれば、活用の幅も広がると思われる。横浜を訪れる人々に、より手軽に横浜での観光を選択してもらえるよう、資料にも、目的地にもアクセシビリティが高いコンテンツの提示方法を意識したい。

4.　おわりに

　本稿では、横浜に寄港する大型客船で来訪する外国人観光客を横浜観光につなぐための情報発信について、言語景観の観察を通して考えてみた。

　街頭の誘導サイン・案内サイン・説明サインに関して、市の公共表示ガイドラインはあるものの、固有名詞の表記の揺れが混乱を生む可能性があり、ガイドライン適用範囲外の設置事業者にも周知を図ることを提案した。観光情報資料については、案内所の現場では、外国人観光客の目的・ニーズに合った、案内に使いやすい資料が求められていることを紹介した。クルーズ船利用客の横浜観光を促すための施策としては、地元の「人」とのつながりを感じられるようなコンテンツの開発を提起し、それらのガイド資料を多言

語で作成することを提案した。

　コロナ前のインバウンド旅行客急増や東京オリンピックを経て、日本各地で市街地の誘導サイン・案内サインは随分と多言語化が進み、4 言語表記が当たり前となったことで、そこかしこで外国語を目にするような環境になったことを、この研究調査で言語景観を観察する中で改めて感じた。多言語化に限らず、やさしい日本語・ピクトグラムの採用や、駅名の記号化も、外国人観光客を意識してのことであろう。このことは、外国籍市民や外国人観光客だけでなく、漢字を学んでいない子どもなどの言語上の課題も改善したといえる。一方で、ハード面の多言語化整備だけが進み、言語表現の統一性や正確性の検証はこれから、という段階である気もする。QR コードを介した情報提供の動きは、紙面上が情報過多になることを避けてのことであると思われるが、本論で指摘したように、自動翻訳には落とし穴があることには気をつけたい。急速に整備されつつあるこの多言語景観は、外国人観光客の必要な情報および目的地へのアクセシビリティ向上に実際寄与しているのか。今後は受容者側の意見も調査してみたいと考えている。

注

1 ）　公共サイン　本論では、公共サインの分類について、「横浜市公共サインガイドライン」に記載の定義を援用した。
2 ）　誘導サイン　矢印等により、施設等の方向やルートを指示するためのサイン。
3 ）　案内サイン　地図等によりある範囲の全体（施設等の位置関係）を案内するためのサイン。例　広域サイン、地区サイン、周辺サイン
4 ）　説明サイン　施設等の内容を説明するサイン。例　観光ガイドが解説するような、ある施設の沿革やその施設にまつわるエピソードなどが紹介されているもの
5 ）　ガイドラインの適用範囲　横浜市公共サインガイドラインの中で、公共サインとは「不特定多数が利用する公共性の高い標識・地図・案内誘導板等の総称です。公共機関（国・都道府県・市区町村・公共交通事業者・公共施設管理者等）が設置主体となり、公共空間に設置するものです。」と定義

されている。公的機関が設置主体でなければ、ガイドラインに沿っていな
くても特に問題とはならないようだ。また、交通事業者が駅舎内に設置し
た周辺案内サインや、公園管理者が管理する公園内の公園内案内・誘導サ
イン、および施設管理者が施設内に設置した施設内案内サインは、適用の
範囲外であると図説している。詳細は同ガイドライン pp. 5–6 を参照のこ
と。

6）規制サイン　歩行者等の行動を規制するサイン。例　注意利用サイン

参考文献

神奈川県タクシー協会 2021「フェリス女学院大学コラボ企画おすすめ 3 コース」
　　『横浜 STORY』Vol. 27, p. 16, 株式会社ブーン

JNTO 日本政府観光局「外国人観光案内所認定制度について」https://www.jnto.
　　go.jp/projects/visitor-support/tic-certificate/

多言語おもてなし.com　https://tagengo-omotenashi.com/about#feature

長崎市まちづくり部景観推進室 2019『坂道景観 13 選 in NAGASAKI』

兵庫区民まちづくり会議 2019『兵庫区・平野界隈 ぶらり散策マップ』

兵庫区民まちづくり会議 2019『兵庫区・ノエビアスタジアム神戸界隈 ぶらり散
　　策マップ』

山川和彦（編）2020『観光言語を考える』くろしお出版

YOKOHAMA 横浜観光情報　https://www.welcome.city.yokohama.jp/

横浜市 2018『横浜市公共サインガイドライン（改訂版）』https://www.city.yokohama.
　　lg.jp/kurashi/machizukuri-kankyo/toshiseibi/keikanchosei/keikan/kokyosign.html

横浜市港湾局『横浜みなとの街歩きガイド』2022 年 2 月入手

リクルートライフスタイル広報グループ 2017「インバウンド対応満足度調査結
　　果報告」リクルートじゃらんリサーチセンター調べ

第2章

中国語パンフレットの情報提供から考える観光行動の支援方法
―言語特性・地域特性・行動特性の観点から―

鈴木慶夏

要旨

　本稿は、「多文化共生社会における情報発信を再考する」ために、中国語圏からの訪日旅行客に向けた中国語パンフレットを考察材料にするものである。中国語による観光パンフレットでの情報提供のあり方を調査し、中国語母語の旅行者が観光行動を起こすために必要な情報をどの程度獲得できるのかを考察する。そして、多文化共生社会での情報発信のあり方を考えるには、どのような社会的課題を抽出できるか、また、その課題に対しどのような改善策や検討事項を提起できるかについて述べる。調査の結果、中国語圏からの旅行客が訪れる観光地や施設の名称について、日本語での呼び方を示す情報が提供されていないケースが多いことがわかった。そのため、旅行者は日本国内で現地の職員や住民と口頭でやりとりする際、漢字表記が誘因となり、さまざまな困難に直面してしまうのである。課題への改善策として、日本語の言語特性の一つである「固有名詞の漢字表記が具有する難読性」に対しローマ字表記を併用するという支援方法を、中国語パンフレットにも適用・兼用することがのぞまれる。

キーワード

観光行動、情報提供、言語特性、地域特性、行動特性、漢字の難読性と不可読性

Ⅰ．本稿の目的とねらい

　本稿は、本書全体の研究目的である「多文化共生社会における情報発信を再考する」ために、中国語圏からの訪日旅行客[1]に向けた中国語パンフレットを考察材料にするものである。中国語による観光パンフレットでの情報提供のあり方を調査し、中国語母語の旅行者が観光行動を起こすために必要な情報をどの程度獲得できるのかを考察する。そして、中国語による情報発信に限定されない、多（他）言語にも共通する課題があればそれを抽出したい。本稿でのキーワードは、今後解決すべき課題と課題解決をねらうための考察点でもある。

　本稿タイトルにある「観光行動」とは、観光の過程で生じることが想定される各種の行動を指す。例えば、行きたいところへ行く、見たいものを見る、食べたいものを食べる、支払うべき料金を支払う、（可能であれば）英語や最小限の日本語を利用して現地の日本人と（一時的にでも）交流する・やりとりする等の、さまざまな行動である。

　「情報提供」の「情報」とは、ある目的を実現するために行動を起こしたり、行動を起こす判断を下したりする際に利用する根拠を指す。例えば、ある地点からある地点までの移動に関して、早く到着したいか、安く移動したいか、列車から車窓を堪能したいか、空からの景色を楽しみたいか等、旅行者によって異なる目的を実現するには、移動手段の選択肢とそれぞれの選択肢の所要時間・所要金額についての情報がどういう行動を起こすかを決定する根拠となる。

　本稿では、中国語母語の旅行者が、行きたいところへ行き、見たいものを見る等、自身のしたいことをできるようにするための情報が中国語パンフレットから得られるかに焦点をあてる。したがって、ある観光地や観光施設に設置された案内板等で展示物の説明に供される中国語表現の文法的な正確性や中国語としての洗練度はあつかわない。また、コロナ禍以前にさまざまなメディアで取り上げられた中国語の誤記や誤訳等もあつかわない[2]。

1.1　本稿の資料：「北海道さっぽろ観光案内所」の中国語パンフレット

　考察材料にする観光パンフレットは、2022 年 8 月 29 日に JR 札幌駅構内の「北海道さっぽろ観光案内所」にあった中国語パンフレット全 47 件である（写真 1–3）。実は、このほかにコンビニ ATM を利用するための中国語パンフレットが 1 件あったが、当該の ATM を利用可能な場所に関する情報がなかったため、調査の対象からはずした。調査対象となる 47 件の中には、スキー場のパンフレットも 2 件あった。8 月という時期は営業期間中ではないが、冬季であれば旅行者の興味を引く可能性があるため、調査対象にふくめた。

写真 1　JR 札幌駅構内の北海道さっぽろ観光案内所　　　2022 年 8 月 29 日撮影

　2022 年 8 月は依然としてコロナ禍の影響があり、観光地や観光施設での現地調査を実施できなかった。そこで、本稿筆者が居住していた札幌市内の自宅から徒歩で移動可能な JR 札幌駅構内にある「北海道さっぽろ観光案内所」に行き、そこに配架されていたすべての中国語パンフレットを収集した。なお、パンフレットを収集した時期は、2022 年 10 月に訪日外国人観光客の受け入れが大幅に緩和される以前のことであり、北海道への外国人旅行

客はほとんどが国内在住者に限られていた状況だったことを付記しておく。

写真 2　日本語以外の言語による観光パンフレット　　　　2022 年 8 月 29 日撮影
英語・中国語・韓国語のほか、少しではあるがロシア語・タイ語のパンフレットもある

　収集した資料は、時期的にも分量的にも限りがあるが、本稿では、中国語パンフレットが提供されていた時期や分量に限定されない課題の抽出を目標としている。つまり、中国語パンフレットの大規模な横断調査にもとづく網羅的記述をめざすのではなく、多文化共生社会における情報発信のあり方を再考するための方途として、（ⅰ）中国語パンフレットの調査から、中国語による情報発信に限定されない多（他）言語での情報発信にも共通する課題があればそれを抽出し、（ⅱ）北海道観光に関するパンフレットの調査から、北海道観光に限定されない国内諸地域にも共通する課題があればそれを抽出することに重点をおいている。

写真 3　中国語パンフレット　2022 年 8 月 29 日撮影

1.2　本稿の着眼点：観光行動の支援に必要な情報とその種類

　収集した中国語パンフレットは、中国語圏からの個人旅行客[3] がとるであろう観光行動を支援できる情報が提供されているかという観点から調査した。旅程に自由度のある旅行者の観光行動は、一般的には以下の流れが想定され得る。まず、旅行客が「北海道さっぽろ観光案内所」で中国語パンフ

レットを手にとると、「これは何というところだろうか」と当該の観光地や観光施設の存在に意識が向けられる。そして、「そこはどういうことができるのだろうか」「何を楽しめるのだろうか」と、見たり聞いたり味わったり等の体験に関する情報を確認するだろう。同時に、そこへ行ってみようかと考える際には、「そこはどのあたりにあるのか」「今いる札幌（パンフレット入手場所）からどのくらい離れているのか」という、札幌との位置関係や札幌からの移動時間に関する情報を確認するだろう。なぜなら、日本での旅行期間中どの程度の日数を今いる札幌から離れて過ごすかという今後の予定を考えるはずだからである。

　このような一連の観光行動をふまえて、中国語母語の旅行者が中国語パンフレットから以下の情報を入手可能であるかを調査した。

情報A　目的地の名称を日本語音で同定するための情報

A-1　目的地の名称について日本語での呼び方がわかるか

A-2　目的地と目的地周辺の地名・駅名等の日本語での呼び方がわかるか

情報Aは、旅行者が関心をもった観光地や観光施設へ移動しようとする際に、観光案内所や駅窓口等で「○○へ行きたい」と意思表示したり、「○○はどこですか」と所在地や移動経路を尋ねたりするのに必要である。いわゆるサバイバル・ジャパニーズや現地の一般市民が対応できない英語で尋ねる場合でも、「○○」という目的地の名称だけでも声に出せれば、それを聞きとった相手はたいてい何かしらの対応をとってくれるだろう。冷静に考えれば、この「○○」という名称は、どのパンフレットにも明記されており、わざわざ情報Aなどと取り立てる意味はないかもしれない。しかし、本稿では、あえて情報Aというカテゴリーを立て、第2節でその問題性を述べる。

　以下の情報Bは、パンフレットの入手場所から、目的地がどの程度離れているか、自身が利用する移動手段（鉄道やレンタカー等）を考慮するとどう行けばいいかを判断するための情報である。より具体化すれば、B-1からB-3のように分類可能である。

情報B 札幌から足をのばすか否かを決める情報

B-1 札幌または札幌駅との位置関係を示す地図（概略図）があるか

B-2 札幌または札幌駅からの交通手段がわかるか

B-3 札幌または札幌駅からの移動時間（または移動距離）がわかるか

これらの情報は、旅行者が自身の旅行予定期間中どこへ行くかを決定するのに利用されるだろう。

　また、旅行者は、パンフレットに記載されている観光地や観光施設で何ができるか、どういう体験ができるかについても、必ず考慮するはずである（以下C-1）。家族旅行等では、子どもといっしょに体験できるか、体験するのに年齢制限等の条件はあるかといったことも（以下C-2、C-3）、旅行者のその後の観光行動の選択に影響すると思われる。

情報C 体験に関する情報

C-1 何ができるのかがわかるか

C-2 有料の場合、利用料金（子ども料金の適用範囲）がわかるか

C-3 特記事項（車椅子対応の有無や身長制限・年齢制限等の条件）

　以上の情報A–Cは、中国語パンフレットでの情報発信に限定されるものではなく、多（他）言語に対応したパンフレットやパンフレット以外の媒介物での情報発信にも適用できる分類である。また、北海道や札幌以外のパンフレット入手場所にも共通する情報である。

1.3　本稿の調査結果：目的地へ到着するための情報とその重要性

　調査の結果は、情報A–Cそれぞれについて、中国語パンフレット全47件中の何件に問題が認められたか等、具体的な数値を明示する予定であった。概要の可視化も重要であると考えたからである。しかし、そのような記述方法を貫徹することは不可能であった。理由は、情報のカテゴリー別に（例えば、情報Aのみ、情報Bのみに焦点を当てて）中国語を精査すると、

一つのパンフレットの中でも、この箇所では細やかな配慮や注目すべき工夫があるがこの箇所では問題があるという状況がほとんどだったからである。そこで、複数の中国語パンフレットに共通する問題点を抽出して問題視される理由を記述することにした。そうすれば、最終的には、多文化共生社会における情報発信の再考に資する課題の導出につながるだろうと考えたからである。

　調査の結果を先取りして概略すると、上記情報A–Cのうち、情報Aがもっとも問題が大きく、47件中44件のパンフレットで今後解決すべき課題が見つかった。そのため、本稿全体で情報Aに関わる記述が厚くなっている。情報Bは、情報Aほどの深刻さはないが、改善策を講じたほうがよい点もあった。情報Cは、本稿筆者が事前に予想した問題点は見つからなかった。事前に予想したのは、入場料の支払いが必要な観光施設で子ども料金等の適用範囲が明示されていないのではないかという点であったが、実際にはどのパンフレットでも明確な基準が示されていた[4]。換言すれば、相対的に見て、情報Cに不足はないが、情報A、情報Bの順で補足すべきことがあるということである。旅先でのかけがえのない体験の実現は目的地へ到着してこそのことであり、訪日旅行客が観光地や観光施設でその場所ならではの体験を堪能するには、その目的地にできるだけ迷わず容易に到着できるようにする支援方法をあらためて検討する必要があるのである。

　そこで、本稿は可読性を考慮して、以下、調査・分析・考察・課題抽出という実際の研究活動がたどった過程とは異なる過程で論を展開する。先に、次の第2節で、中国語パンフレットに対する調査の結果どのような問題点が浮き彫りになったか、調査結果の概要と抽出した課題の要点を述べる。そして、第3節で、それらの問題点に対する今後の改善策や検討事項の具体化に資するいくつかの考察点を述べる。

2.　北海道観光に関する中国語パンフレットから明らかになった課題

　本節で中国語パンフレットの調査概要を示すが、その前に以下のクイズに挑戦していただきたい。

　（1）次の語を発音してください。
　　　（1a）skpit　　　　　　　（1b）sponkt

　（2）次の地名を読めますか。
　　　（2a）積丹　　　　　（2d）二風谷
　　　（2b）遠軽　　　　　（2e）丸瀬布
　　　（2c）平取町

　クイズ（1）の問題は意地悪なものになってしまった。（1a）（1b）とも本稿筆者による勝手な造語であり、少なくとも英語には存在しない語である。それでも、読者の方は、（1a）の skpit を「スクピット」、（1b）の sponkt を「スポンクト」、あるいは、それに近い音（例えば、子音に u の母音を加えない音）で読んだのではないだろうか。

　クイズ（2）の回答は、順に、（2a）「しゃこたん」、（2b）「えんがる」、（2c）「びらとりちょう」、（2d）「にぶたに」、（2e）「まるせっぷ」である。いずれも収集した中国語パンフレットにあった地名から例示したが、これらは、いわゆる「北海道難読地名クイズ」の一部にすぎない。

2.1　言語音から切り離されやすい中国語母語の旅行者

　クイズを出したのは、日本語を母語とするであろう読者に、中国語母語話者が旅先で遭遇する数々の困難を少しでも体感してもらいたいと考えたからである。クイズ（1）では、たとえ自身の発音がネイティブ・ライクにならなくても、また、それらの語が何の言語であるかさえ知らなくても、さらに

言えば、それらの語が地名や駅名等、何を表しているのかを知らなくても、「スクピット」・「スポンクト」またはその類似音として、当てずっぽうでも、いちおうは声に出すことが可能ではないだろうか。

　アルファベット表記は、発音の正確さにこだわらない場合であっても、なんとか音声を口に出すことができる。アルファベットは表音という機能を有するからである。しかし、中国語母語の旅行者は、それがまったくできない。中国語パンフレットでは、地名・駅名・観光施設名等、すべての固有名詞が簡体字または繁体字で表記され、それらの漢字がどういう日本語音に対応しているかが示されていないからである。写真4-7はその一例である。

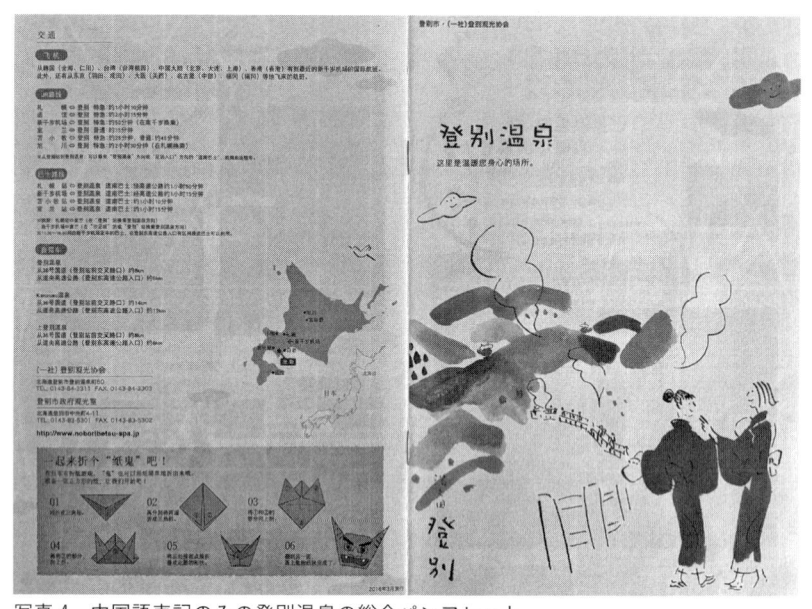

写真4　中国語表記のみの登別温泉の総合パンフレット
　　　　（A4 サイズ2つ折、全 I2 頁：写真右側が表紙、左側が裏表紙）

登別温泉の地図・温泉の効能・楽しみ方だけでなく、周辺の観光地についての豊富な情報がある。しかし、登別の宿泊施設や、写真4左側（本パンフレットの裏表紙）の交通案内を含め、すべて簡体字で表記されているため、それらの固有名詞の日本語音は知る術がない。

もともと漢字の当てられていないカルルス温泉のみアルファベットで"Karurusu 温泉"と表記されている。

写真 5　北海道開拓の村　　　　　写真 6　二風谷アイヌ文化博物館

写真 5　「北海道開拓の村」A4 三つ折りサイズの表紙。左下に日本語が併記されて
　　　　いる。パンフレット裏面には敷地内の詳細な案内図がすべて繁体字で記さ
　　　　れており、それぞれの見どころに付された番号ごとに歴史的な由来等、詳
　　　　細な情報が盛り込まれている。
写真 6　「二風谷アイヌ文化博物館」A4 サイズの表紙。中央に "NIBUTANI" とある
　　　　が、すぐ下の「平取町立」のアルファベット表記だと誤解される可能性が
　　　　ある。パンフレット内部には、6 頁にわたる資料によってアイヌの歴史・
　　　　風俗等、豊富な説明がある。

　これに対して、北海道さっぽろ観光案内所には、英語・中国語以外に、韓
国語・ロシア語・タイ語のパンフレットもあったが（写真 2）、中国語以外の
パンフレットでは、それぞれの言語における（アルファベットやハングル表
記等の）表音機能を担う文字によって、すべての固有名詞を（日本語として
自然であるか否かを問わず）音声として発することが可能である。
　つまり、中国語圏からの旅行者が中国語で情報を獲得するとなると、漢字
の識別はできても、観光行動に直結する地名・駅名等の固有名詞は日本語で
どう発音されるかがわからない。これは、中国語は漢字を使用し、漢字は表
音機能を直接果たさないという、中国語の言語特性による。中国語母語話者

が中国語パンフレットを手にとると、地名・駅名の現地音（日本語の音声）から切り離された世界で情報を入手するのである。中国語母語の旅行者からすれば、ゼスチャーや指さしを交えて概ねの進行方向は現地の一般市民やインフォメーション・センターで尋ねられたとしても、「○○駅」や「○○線」等、○○の部分、即ち、どういう交通手段を利用するかという行動選択の決定に不可欠な情報を耳で理解できないことになる（写真7）。現地市民や現地職員とのやりとりにおいても、筆談以外の伝達手段がなくなる。要するに、観光関係者が日本語の漢字をわざわざ簡体字や繁体字で表記してまで情報提供するという旅行者に対する配慮や善意が、残念ながら機能していないということになる。

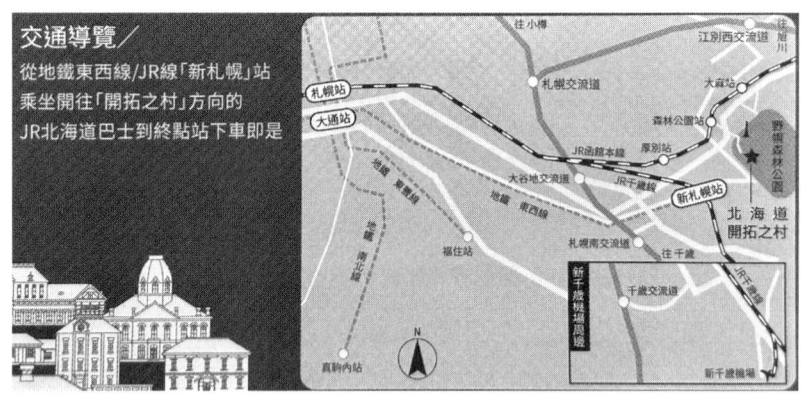

写真7　中国語表記のみの経路案内
　　　（写真5の「北海道開拓の村」への交通案内を拡大したもの）
中国語のみで表記されているため、地名・駅名や路線名の日本語音がわからない。

2.2　漢字表記が足かせになりやすい中国語母語の旅行者

　クイズ（2）は、観光地や観光経路上の固有名詞には日本語音を示すふりがなが必要であることを、読者に体験してもらいたかったからである。北海道の地名はアイヌ語由来のものも多く、あとから当てた漢字がもたらす読みにくさは「難読地名クイズ」にされることがある。ただし、難読地名をクイズとして楽しめるのは、この漢字は通常ならこう読むはずだという、音読み・

訓読みをふくむ日本語の知識をもっている者だけである。そのような人は子どもを除く大部分であろうが、日本語学習歴のない中国語母語話者はそうはいかない。

中国語圏からの旅行客は、中国語パンフレットで地名・駅名・観光施設名等を簡体字または繁体字で示されても、それらを中国語音で読み上げることができるだけである。ちなみに、クイズ（2）の地名は、中国語の音声をあえてカタカナ表記にすると、順に、「ジーダン」、「ユエンチン_グ」「ピンチュディン_グ」「アー_ルフォング」、「ワンライブー」である。

もう一つ記しておきたいのは、日本語母語話者にとって難読地名クイズにはならない、誰でも読める一般的な地名であっても、中国語圏からの旅行客にとってはお手上げの状態になる点である。そして、それはその後の観光行動の難易度を上げることになる。例えば、2.1 で言及したように、中国語母語の旅行者は、日本語でなんと読む（呼ぶ）かがわからないと、「○○、どこですか。」とサバイバル日本語的なキーセンテンスを覚えてきたとしても、固有名詞を現地の人に伝えられない。実際に、「○○、どこですか。」の○○部分を中国語音で発音する旅行者は観光案内所関係者なら遭遇した経験はあるだろう。もし「アー_ルフォング、どこですか。」と聞かれたら、中国語学習歴のある日本人にとっても、「アー_ルフォング＝二風谷」と即座に理解できる者は多くはない。それこそ中国語学習歴のある二風谷または二風谷の所在地である平取町の関係者でなければ不可能である。

最近は北海道をレンタカーでまわる旅行者も多い[5]が、カーナビに目的地を入力する際にも日本語音の情報は不可欠である。もちろん、電話番号やGPS 情報の入力も可能ではある。しかし、本稿筆者も試したが、北海道では目的地の日本語名称以外の入力方法がナビとして機能しない（「案内できません」と言われるか、目的地と異なるところへ案内される）ことはめずらしくない。また、旅行者によっては、中国のサイトにアクセスして、中国語音のアルファベット表記である "pingquding" "erfenggu" を入力し、"平取町" "二风谷" と変換し、その中国語簡体字をもとに日本語音を得る、というような方策も試行可能かもしれない。実際に、翻訳サイトにコピー・アンド・

ペーストして音声読み上げ機能を利用すれば、難読地名の一部は読み上げて
もらえる [6]。ただ、そこまで対応せざるを得ないのだとしたら、せっかく中
国語パンフレットを用意して観光情報を提供しようとする配慮や善意が無駄
になってしまう。

　ジョークのような言い方になるが、中国語圏からの旅行客は日本に入国す
ると漢字を読めなくなるのである。簡体字・繁体字を問わず、漢字が表音文
字ではないからである。つまり、移動経路上の地名もふくめて、固有名詞す
べての日本語音がわからないと、当該の目的地へ行きたいと思っても現地に
たどりつくためのハードルが高くなる。

　今回収集した中国語パンフレットの中には、一つの施設が簡体字表記と繁
体字表記の二種類用意しているものもあり [7]、さらに、写真 4-6 のように、
1.2 で分類した情報 C に相当する「そこで何ができるか（体験できるか）」に
ついてはもちろん、それに付随する文化的な価値や歴史的な経緯についても
微に入り細を穿つ情報が豊富なパンフレットもあった。このような旅行者に
対するホスピタリティが旅行者の現地への移動・到達という観光行動に活か
せない状況は改善したほうがいいだろう。

2.3　漢字にふりがなが必要な中国語母語の旅行者

　では、どうすればいいのか。ジョークのような言い方を続けるが、中国語
圏からの旅行客は訪日後、漢字を読めなくなってしまうのだから、漢字にふ
りがなを加えればいい。日本語音を表すためのふりがなを漢字に併記するの
である。そして、ふりがな機能を担うのは、ひらがな・カタカナではなくア
ルファベットがいい。日本語学習歴がなければ、ひらがなもカタカナも読め
ないが、1.1 で述べたように、アルファベットであれば、誰でもいちおうは
読み上げることが可能だからである [8]。

　卑近な例になるが、本稿筆者は日本語のできない中国語母語の友人と、北
海道を 2 回、京都を 1 回旅行したことがある。その際、筆者が何も言わな
いのに（中国語パンフレットでは地名や駅名を日本語でなんと言うかわから
ないことを伝えていないのに）、中国語ではなく英語のパンフレットを手に

取っていた。理由を尋ねると、地名や観光施設等、目的地の名称を日本語で
どう言うかわからないことと中国語表現の読みにくさが気になることをあげ
ていた。そして、その友人は行く先々で"○○, very nice!"と現地の日本人
に笑顔で話しかけ、自分の親指を立てて、その場所が気に入ったことを表明
していた。口頭で発した日本語はアルファベット表記から得られた○○部分
の一語のみである。固有名詞の○○さえ発音できれば、ささやかな交流さえ
可能になるのである。

　ここで、情報Ａに必要な地名・駅名等の固有名詞にアルファベットが使
用され、中国語圏からの旅行客にとって利用しやすい（ユーザー・フレンド
リーな）情報提供が実現されている中国語パンフレットを３件あげる。「海
鮮市場・北のグルメ」、「ニューしゃこたん号」、「ジンギスカン・羊飼いの
店・いただきます」の中国語パンフレットである。

　写真8-10は、「海鮮市場・北のグルメ」のパンフレットの一部である。

写真8　北のグルメ
情報Ｃに相当する「味わいポイント」に
関する４言語による説明

写真9　北のグルメ
情報Ａ・Ｂに相当する「位置の同定と
アクセス方法」は２言語のみ。

海産物の食事と買い物を楽しむことができる「北のグルメ」は、言語ごとに複数のパンフレットを用意しているわけではなく、多言語によるパンフレット1種類のみである。情報Cに相当する「旅行者が何を楽しめるか」については、英語・中国語（繁体字）・タイ語・韓国語の4言語で、色彩ゆたかな写真とともにA4サイズ6頁にわたる情報提供がある（写真8はその一部）。特記すべきは、本稿が分類した情報AとBに相当する、目的地の位置の同定と目的地への移動に関する情報が、中国語繁体字とアルファベット表記のみにしぼってある点である（写真9）。

　写真9左側の地図を拡大したものが写真10である。中国語のみで表記された交通案内（例えば、写真7、写真16や22）と比べると、写真10では、駅名・道路名等の固有名詞をアルファベットによって声に出すことができ、音声で耳から同定することも可能である。交通案内をふくむ地図にアルファベット表記さえあれば、中国語母語の旅行者はもう少し容易に移動できるだろう。また、タイ語や韓国語を母語とする旅行者にとってもアルファベット表記による不利益を被るとは考えにくい。

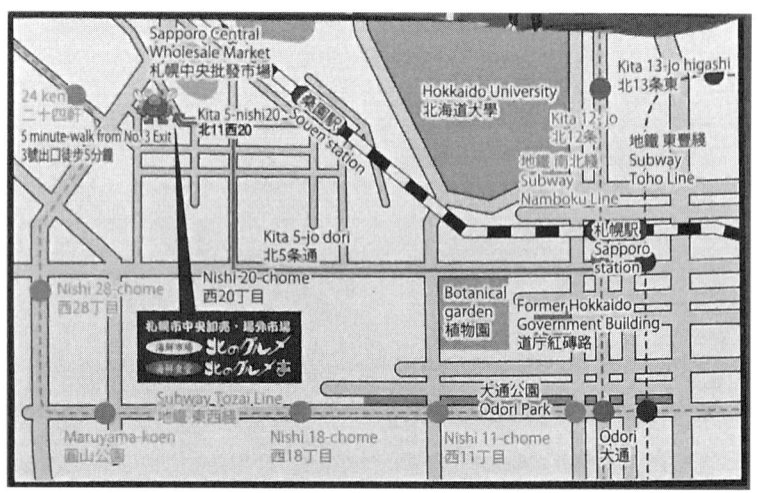

写真10　北のグルメ　交通案内は中国語繁体字とアルファベットのみ
どの言語の母語話者もアルファベット表記を見れば、駅名・道路名等の固有名詞を音声で同定可能である。

　さらに、「北のグルメ」の多言語パンフレットは、無料送迎バスの立ち寄りポイントや時刻表についても、アルファベット表記を手掛かりにすれば旅行者が必要な情報を獲得しやすくなっている。「北のグルメ」の多言語パンフレットは、訪日旅行客がとるであろう観光行動を支援可能な、情報 A–C のすべてに配慮がいきとどいていると言える。

　もう 1 件、中国語と英語、または、中国語の漢字表記と日本語音のアルファベットを対照させたデザインを採用しているのは、水中展望船「ニューしゃこたん号」のパンフレットである（写真 11–13）。

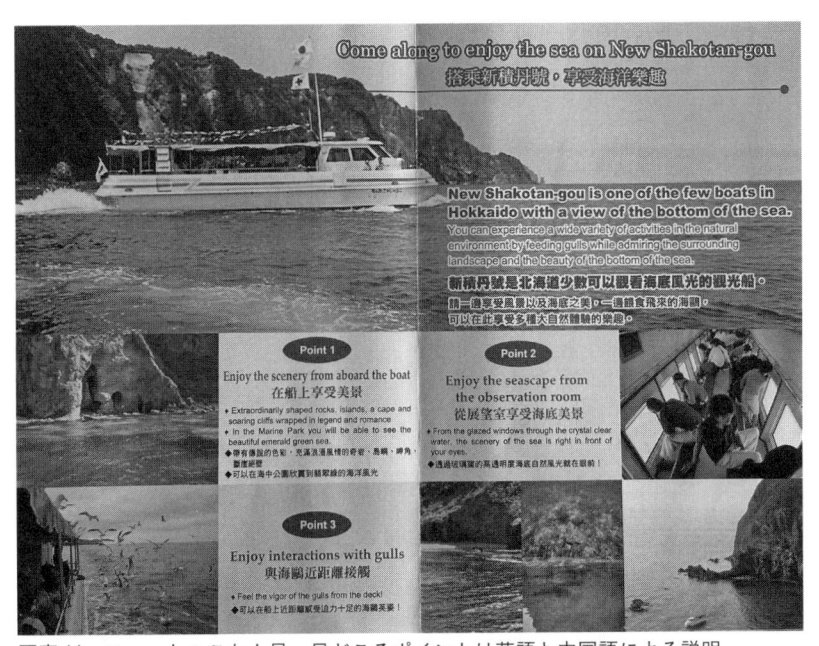

写真 11　ニューしゃこたん号　見どころポイントは英語と中国語による説明。

　特筆に値するのは、写真 11 に示される見どころポイント（情報 C）の説明だけでなく、写真 13 の交通案内で、札幌から目的地までの経由地すべてにアルファベットが併記されている点である。個人旅行者が公共交通機関を利用して移動する場合でも、目的地へ到着する難度は抑えられるはずである。

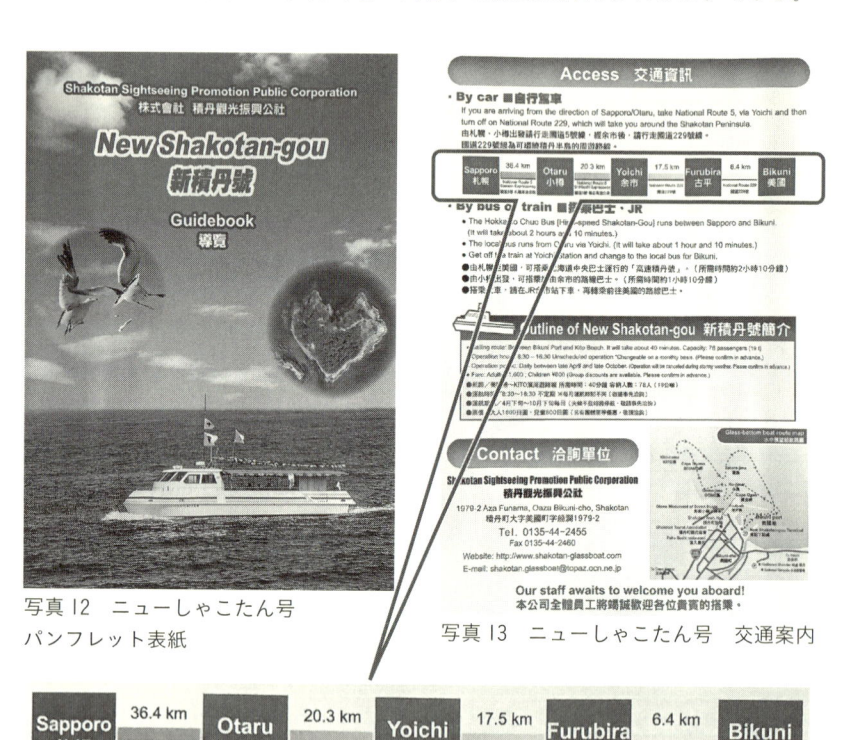

写真 12　ニューしゃこたん号
パンフレット表紙

写真 13　ニューしゃこたん号　交通案内

写真 13 裏表紙の交通案内を拡大したもの
経由地を含む地名（札幌−小樽−余市−古平−美国）が繁体字で記され、すべて直上にアルファベットが併記されてる。

　「北のグルメ」も「ニューしゃこたん号」も、中国語母語の旅行者が日本で直面しやすい漢字に起因する困難（日本語音がわからないこと）を回避できる（アルファベット表記により日本語音がわかる）ようになっている。

2.4　漢字よりアルファベットのほうが便利な中国語母語の旅行者

　３つ目の、中国語圏からの旅行客が利用しやすい中国語パンフレットを引用する前に、もう１つ、ジョークのような言い方を加えたい。それは、中国語圏からの旅行者はアルファベットがあれば漢字はいらないかもしれない、である。ここで、情報Ａについては、意外にも、漢字表記がなくても不便はないかもしれないと判断可能なケースを例示する。

　説明の便宜のため、札幌観光地図（簡体字版・繁体字版）を引用する（写真14）。中国語圏からの旅行客を想定して用意された総合地図である。すべてを開くとA2サイズで、中には、JR北海道の路線図（写真15）と札幌市中心部の市電・地下鉄をふくむ交通網が図示されている（写真16は地下鉄路線図）。

写真 14　札幌観光地図

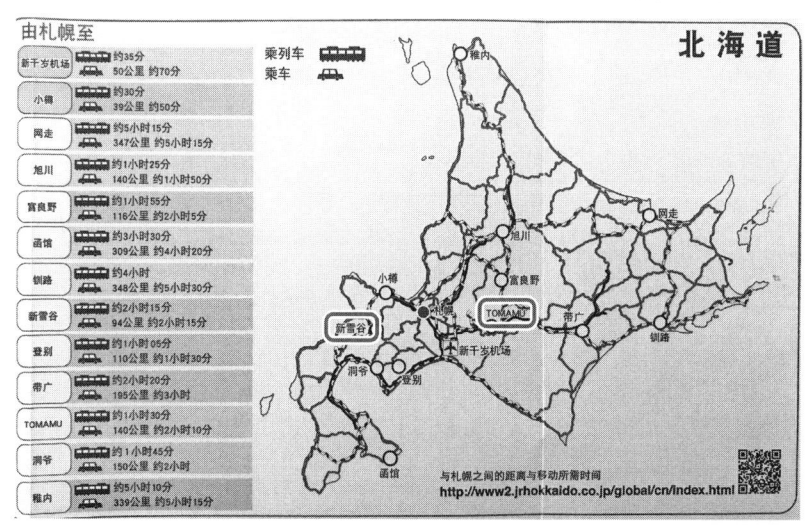

写真 15　写真 14 の中の JR 路線図（簡体字版）。左に札幌からの距離と所要時間が記されている。

　写真 15 の"新雪谷"と"TOMAMU"に注目されたい。前者は「ニセコ」で後者は「トマム」というカタカナ表記の駅名である。中国語版観光地図では、前者は簡体字表記され(繁体字版地図でも同様の表記)、後者はアルファベット表記になっている。

　中国語圏からの旅行客にとって、口頭で行き先を伝えられるのは、漢字の当てられていない"TOMAMU"のほうである。アルファベット表記によって日本語音(に近い音)で発音できるからである。では、ニセコの"新雪谷"はどうだろうか。もちろん、中国語母語の旅行者であれば、"新雪谷"は中国語で発音できる。ただ、駅員や観光案内所職員は"シンシュエグ"というような中国語音を聞いて即座に「ニセコ」と認知できるだろうか。旅行者も、"新雪谷"は日本語で"NISEKO"と発音されることを知る術がない。地図には簡体字表記しかないからである。

　もともとカタカナ表記されていた地名や駅名にあえて漢字をあてることで、かえって現地職員や現地市民と中国語母語の旅行者との間でのやりとりが難しくなってしまう。仮に筆談という手段をとるにしても、日本語母語の関係者が"新雪谷"と書かれたものを見せられて、すぐさまニセコと同定できるか疑問が残る。音声でのやりとりであっても筆談でのやりとりであっても、アルファベット表記の"TOMAMU"の優位性は明確である。

　同様に、札幌市内の地下鉄南北線「すすきの」駅と地下鉄東豊線「豊水すすきの」駅も、簡体字版・繁体字版ともに、"薄野"と漢字が当てられている(写真 16)。すすきのは札幌中心部の繁華街であるため、旅行者も数日過ごせば位置的な同定には慣れてくるだろうが、やはり、"TOMAMU"のように"SUSUKINO"とアルファベットで表記したほうが、中国語母語の旅行者にとっても、旅行者対応が必要になる現地職員・現地住民にとっても、日本語音声を利用できるメリットがある。

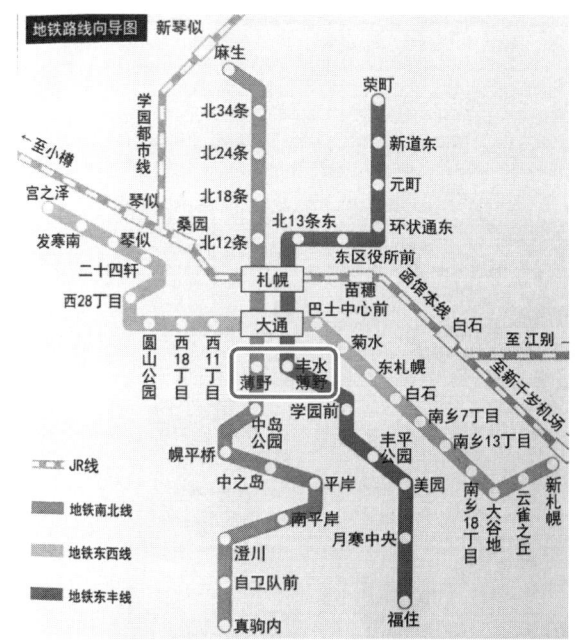

写真16　写真14から地下鉄路線図を拡大したもの
　　　　「すすきの」駅は漢字を当てられ、"薄野"と表記されている。

　ここで、「すすきの駅」に関して、非漢字表記の固有名詞に対する情報提供の方法として注目に値するパンフレットを示す。以下の写真17・18である。写真17・18は、「北海道さっぽろ観光案内所」に陳列されていた飲食店「いただきます」のパンフレットである。

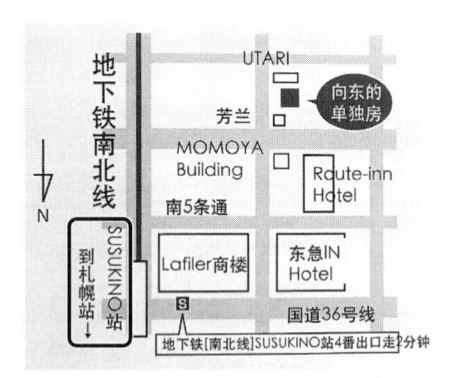

写真 17
ラム肉飲食店「いただきます」
道産ラム肉の専門店であること、
この店のために牧場から始めたこ
と等のアピールポイントは、中国
語の詳細な説明あり。

写真 18　すすきの駅は "SUSUKINO 站"
写真 17 裏表紙の地図を拡大したもの
「すすきの」駅は漢字を当てず、ローマ字表
記にしている。地図左には方位記号があり、
札幌市の街のつくりと照合しやすい。

　この飲食店のパンフレットは、中国語母語の旅行者に対する観光行動の
支援方法という観点から見ると、47 件のパンフレットの中で、もっとも気
配りのいきとどいたものと言えるかもしれない。パンフレットを開くと、
この店の特徴やアピールポイントがこなれた中国語で詳細に説明されてい
る。その一方で、写真 18 に示される交通案内図では、「すすきの駅」を
"SUSUKINO 站" とアルファベットで表記している（"站" は「駅」の意）。
わざわざ漢字を当てるようなことはしていない。つまり、情報 A と情報 C
で情報の提供様式を分けているのである。情報 C の体験に関する内容は、
旅行者の母語である中国語を使用して説明するほうが効果的であるだろう
し、情報 A の店の所在地と店までの移動経路についてはアルファベットを
使用したほうが確実である。
　また、次の 2.5 で言及する「札幌の地域特性」（東西南北の方位がわかり
やすい街であること）や「中国語母語話者の行動特性」（とくに北方出身者
は、左右という相対的位置関係ではなく東西南北という絶対的な位置関係を
利用して所在地や目的地を把握しようとする傾向があること）まで考慮して

いるのだろう。写真 18 では、地図左に方位記号があり、地図右上では当該の店舗は東向きの建物であること（"向东的单独房"という中国語）までが明示されている。この飲食店のパンフレットは、中国語パンフレットの理想形ではないだろうか。

　要するに、日本語の固有名詞にはアルファベットが必要であり、もともとカタカナ表記やひらがな表記の名称には、あらためて漢字を当てることはしなくてもよいということである。端的に言えば、情報 A には漢字表記はなくてもよいが、よみがなとしてのローマ字表記は必要である。情報 C は、旅行者の母語ごとに説明を用意できるのであれば、母語の異なる旅行者に対するホスピタリティを表しやすくなる。

　なお、以下では、日本語の漢字表記に対するよみがなとしてのアルファベット表記を「ローマ字表記」と呼ぶことにする。

2.5　北海道の地域特性と中国語母語話者の行動特性に関わる方位記号

　前掲写真 7 や写真 18 の交通案内図に方位記号があるように、札幌の観光案内所に配架するパンフレットであれば、地図には方位記号があったほうがいい。実際に、方位記号のある交通案内図は多く（写真 19）、情報 B-1 に直結するものである。

写真 19　藻岩山への案内地図
（地図右部分に方位記号がある）

　札幌以外にも東西南北を参照可能な地域は他にもあるが、札幌では、地下鉄の駅構内から外に出る箇所の壁面（写真 20）と、駅の外に出たばかりの地面（写真 21）にも方位記号がある。地面の写真 21 は、上下左右を固定したまま読める漢字「南」が、自身の向かいの方角であることを示している。

写真 20　地下鉄バスセンター前駅構内

写真 21　地下鉄西 18 丁目駅
（構内から外に出たところ）

　そのような観点から見ると、以下の交通案内は旅行者にとってわかりにく
い（写真 22）。

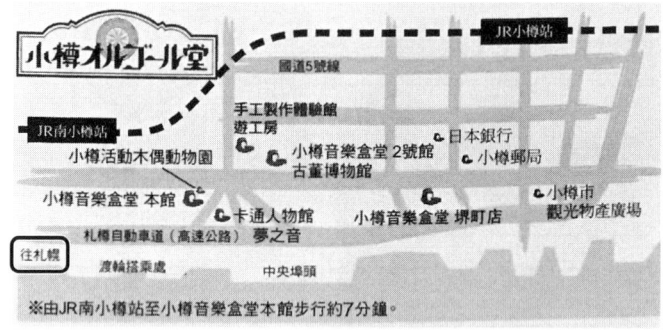

写真 22　小樽オルゴール堂パンフレットの交通案内図を拡大したもの
方位記号がないため、左下に“往札幌”（札幌方面）と注記があるものの、
札幌と小樽の位置関係を知らない旅行者は、上が南西で下が北東であ
る地図を現地で照合するのに混乱するかもしれない。

　移動経路上の名称にローマ字表記がないだけでなく、方位記号もない。し
かも、地図上部は北ではなく南西である。現地では、海を起点に所在地をと
らえる習慣があるようだが、訪日旅行客にとって地域ごとのローカルな慣行
を理解するのは一定の時間を要するだろう。もちろん、情報提供者の親切心
によって、写真 22 左下に“往札幌”（「至札幌 / 札幌方面」の意）と記されて
いるのだが、そもそも札幌と小樽の位置関係を海のある方向との関連で旅行

者が把握するのは難度が高いと思われる。写真 22 のパンフレットは、情報
C に関わる詳細な説明が用意されていただけに、目的地へのアクセスという
点で惜しいことをしている。

　中国語パンフレットの交通案内の中には、方位記号はないが、方位にもと
づく案内方法を採用しているものもある（写真 24・25）。

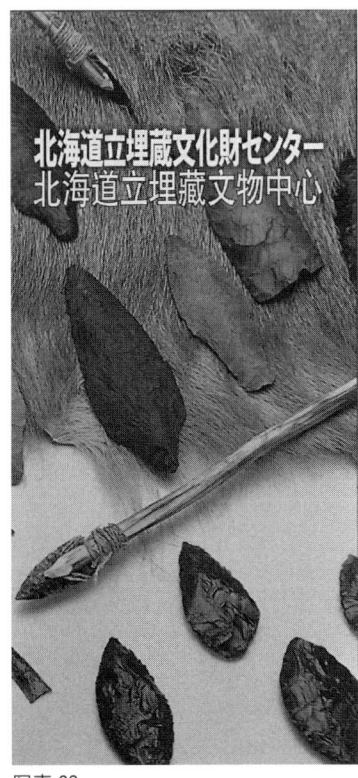

写真 23
北海道立埋蔵文化財センター　表紙

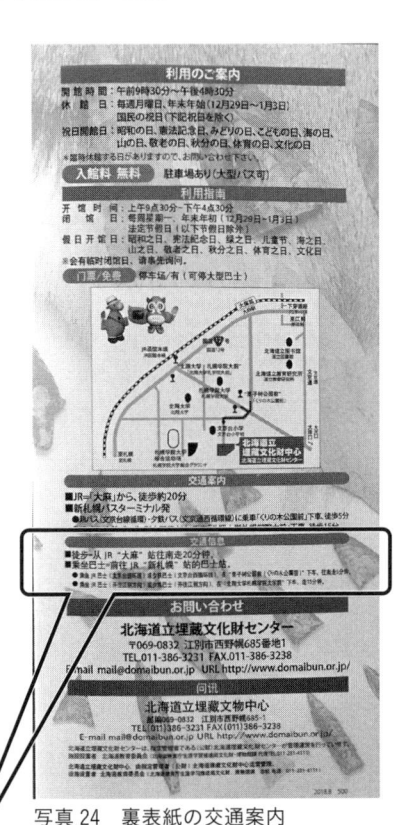

写真 24　裏表紙の交通案内

写真 25　写真 24 の交通案内図を拡大したもの

　写真 24 の交通案内部分を拡大したのが写真 25 である。「くりの木公園前」でバスを降車後、"往南走 5 分钟"（「南へ向かって徒歩 5 分」の意）という方角にもとづく説明がある。2.4 で、中国語母語の北方出身者は東西南北という絶対的な位置関係を利用して目的地を把握しようとする傾向があると言及したが、そのような行動特性を見せる人は最近は減少傾向にある。ただ、札幌市内という中国語パンフレットの設置箇所の地域特性や当該の地域に適応しやすい行動様式をふまえれば、札幌市外に所在する「小樽オルゴール堂」（小樽市）や「北海道立埋蔵文化財センター」（江別市）も、方位記号またはそれにもとづく方角案内を提供できると旅行者が現地へ到達しやすくなるはずである。

2.6　北海道の地域特性に関わる移動時間と移動距離

　「札幌から足をのばすか否か」に関わる情報 B のうち、旅行者の旅程の計画に直接関与するのは、移動時間についての情報 B-3 である。ここでは、移動時間の的確な予想のためには、移動距離を明記したほうがいい点に言及する。

　以下は、「のぼりべつクマ牧場」（写真 26–28）と「昭和新山熊牧場」（写真 29–32）のパンフレットの一部である。どちらも札幌からの交通案内情報が記されている。札幌からの移動時間は、写真 27 の中央部を拡大した写真 28 と、写真 30 の下部を拡大した写真 31 を参照されたい。

　「のぼりべつクマ牧場」の交通案内では、札幌駅から鉄道利用の場合（特急で約 70 分＋バスで約 13 分）と自動車利用の場合（合計約 70 分）の所要時間が記載されている。これに対して、「昭和新山熊牧場」のパンフレットでは、自動車移動に要する時間だけでなく距離も併記されている。写真 31 では、札幌から昭和新山熊牧場まで、定山渓・中山峠等を経由し目的地のある壮瞥町まで約 2 時間半、函館からであれば長万部を経由して約 160 キロ・約 3 時間、苫小牧からであれば室蘭を経由して約 90 キロ・約 2 時間という具合である。このように、所要時間だけでなく経路上の距離が示されていると、旅行の計画を立てやすくなるはずである。移動時間は運転速度によって

変わるからである。

　北海道警察本部交通部（2023）も指摘するように、北海道は都市間距離が長いうえに、冬季は積雪によって道路幅が狭まることもある。つまり、路面や天候の影響を受け運転速度の低下を余儀なくされることがあり、季節によって同じ距離でも所要時間は大幅に異なってくる。そのため、写真 31 のように、移動距離が明記されていれば移動時間の予測もより容易になり、結果的に旅程を組みやすくなるだろう。

　今回収集した資料には、スキー場の中国語パンフレットが 2 件あったが、1 件には、札幌からの所要時間のみが示されており、もう 1 件には経路上の距離も併記されていた。冬季にレンタカーを利用する旅行者からすれば、距離に関する情報は確実性をもつににちがいない。情報 B-3 の移動時間の判断には距離情報の提供が有効である。

写真 26　登別クマ牧場表紙

写真 27　登別クマ牧場裏表紙

写真 28　写真 27 の交通案内部分を拡大したもの
札幌からは鉄道移動と車での移動についての所要時間が記載
されている。

写真 29　昭和新山熊牧場表紙

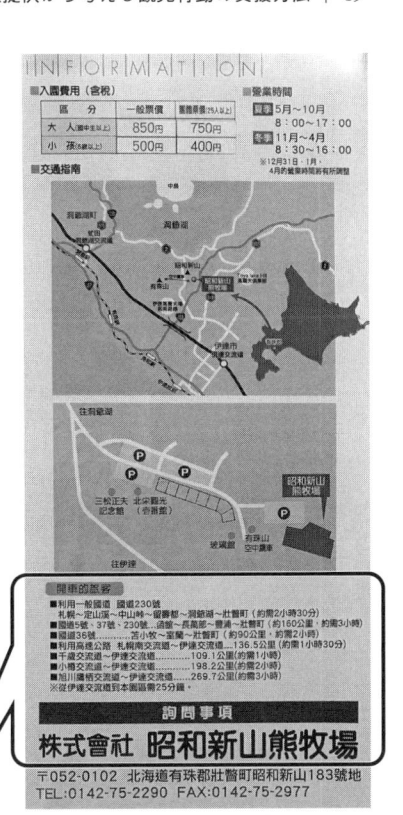

写真 30　昭和新山熊牧場裏表紙

開車的旅客

■利用一般國道　國道230號
　札幌～定山溪～中山峠～留壽都～洞爺湖～壯瞥町（約需2小時30分）
■國道5號、37號、230號…函館～長萬部～豐浦～壯瞥町（約160公里，約需3小時）
■國道36號…………苫小牧～室蘭～壯瞥町（約90公里，約需2小時）
■利用高速公路　札幌南交流道～伊達交流道…136.5公里（約需1小時30分）
■千歲交流道～伊達交流道…………109.1公里 約需1小時
■小樽交流道～伊達交流道…………198.2公里 約需2小時
■旭川鷹栖交流道～伊達交流道……269.7公里 約需3小時
※從伊達交流道到本園區需25分鐘。

写真 31　写真 30 の交通案内部分を拡大したもの

経路上の距離（"公里"は "km" を表す）と所要時間が明記されている。

2.7　中国語パンフレットの入手場所から考える旅行者の行動可能性

　情報 B-1 の「札幌または札幌駅との位置関係を示す地図（概略図）があるか」と、情報 B-2 の「札幌または札幌駅からの交通手段がわかるか」については、旅行者の立場からすると情報量ゼロと言わざるを得ない中国語パンフレットも少なくなかった。それらは、おそらく、現地の観光地で配布しているパンフレットを「北海道さっぽろ観光案内所」に配架したものと思われる。つまり、旅行者が当該の観光地でパンフレットを入手すれば、記載された情報 C を参照してその場所ならではの体験を楽しめるが、札幌でパンフレットを入手しても、札幌から足をのばして当該の観光地に行くか否かは判断すらできない。

　このようなパンフレットは、主に以下の 3 タイプがある。一つは、札幌との位置関係を示す概略図、あるいは、北海道のどこに所在するかを示す地図さえないもの（写真 32, 33）、一つは、北海道での所在地だけは地図に示されているが、どうアクセスすればいいか交通案内がないもの（写真 34, 35）、一つは、北海道での所在地と交通案内は示されているが、交通案内がローカルな範囲にとどまっており、もともと現地に詳しい者でなければ目的地にアクセスしにくいもの（写真 36, 37）である。

写真 32 阿寒湖遊覧船の中国語パンフレット（表）

概略の地図もないため、北海道での所在地がわからない。

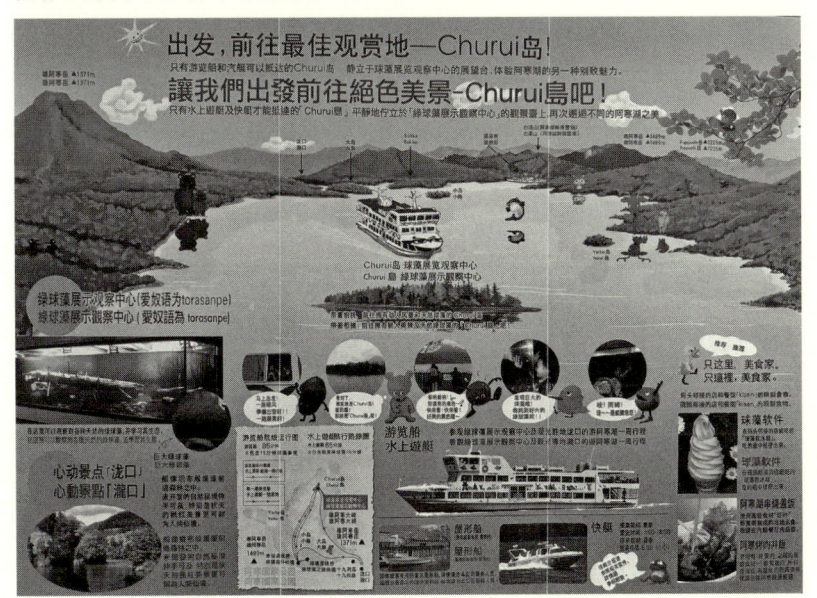

写真 33 阿寒湖遊覧船の中国語パンフレット（裏）

写真 34　丸瀬布昆虫生態館の多言語パンフレット（表）
北海道の地図と当該施設の所在地のみが示され、交通案内はない。

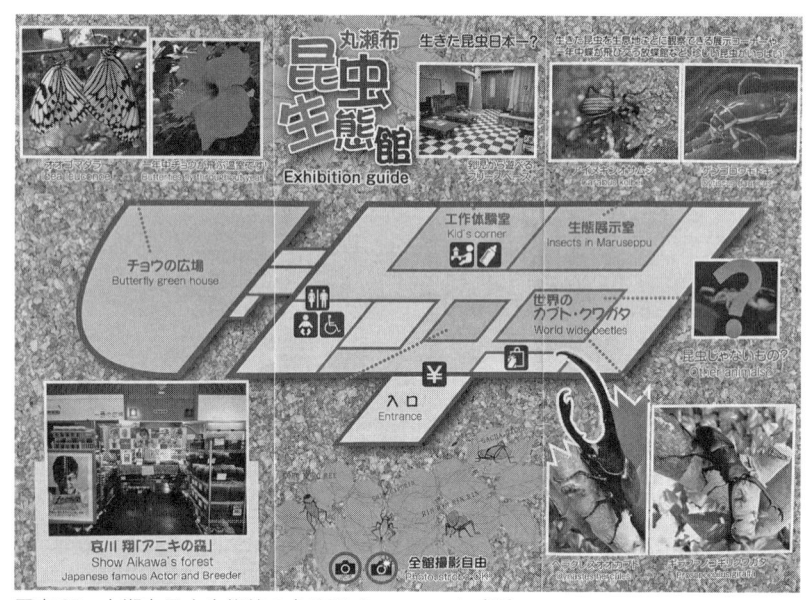

写真 35　丸瀬布昆虫生態館の多言語パンフレット（裏）

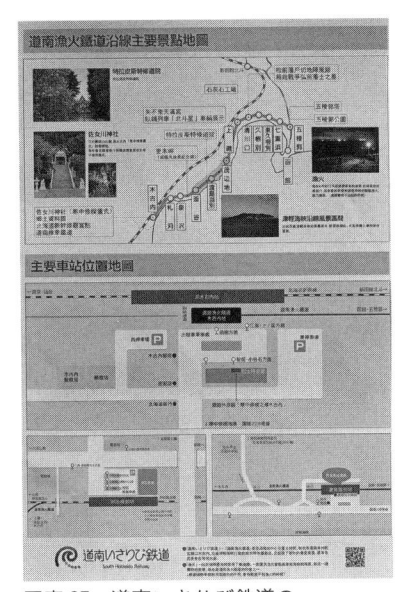

写真 36　道南いさりび鉄道の
　　　　中国語パンフレット（表）
北海道での所在地は、右下に概略で示さ
れている。

写真 37　道南いさりび鉄道の
　　　　中国語パンフレット（裏）
JR 木古内または函館付近にいなければ、
目的地へ行きにくい。

　これらの中国語パンフレットは、北海道観光の玄関口に相当する札幌（または新千歳空港等）の観光案内所に陳列することで、当該観光地の存在をアピールできるだろうが、実際に旅行者が札幌から移動して現地を訪れる可能性は高くはないのではないかと推測される。

　また、写真 37 の地図でも、駅名等の固有名詞がすべて繁体字で表記されており、パンフレット発行者による旅行者を歓迎する意識が表出されているだけに、現地駅名の日本語音がわからない点は惜しむべき状況である。これは、47 件中 44 件の中国語パンフレットに共通して見られた、情報 A に関する問題に相当する。

3. 中国語パンフレットの情報提供から抽出可能な課題と改善策

　ここまでの記述を総括すると、以下の点を指摘することが可能である。目的地の名称を日本語音で同定するための情報A、パンフレット入手場所（札幌）から足をのばすか否かを決める情報B、その場所だからこそできる体験を説明する情報Cのうち、情報Aに関する問題がもっとも深刻であり（2.1-2.4）、旅行者が地名・駅名等の固有名詞を音声で同定できない不便がある。情報Bは、方位記号を表示したり移動時間に移動距離を併記したりする改善策を講じたほうがよい（2.5, 2.6）。情報Bへの改善策は、どの旅行者にとっても（日本語母語の国内の旅行者にとっても）利便性をもたらすはずである。情報Cは、旅行者の母語を使ってわかりやすい説明ができれば理想的であるが、情報Cの内容を実際に堪能するには、情報A・Bによって現地まで移動し到着できることが前提になる。

3.1　中国語パンフレットにおける固有名詞の「駅名板」化の提起

　本稿では、2.2-2.4で刺激的な言い方もしてきた。とくに地名等の固有名詞については、「中国語母語の旅行者は来日すると漢字を読めなくなる。」「だから、アルファベットによる漢字のふりがなが必要である。」「しかも、アルファベットがあれば漢字はなくてもいいかもしれない。」という記述である。それは、中国語が漢字を使用するという表記上の特性にあらためて注意を引きたかったからである。また、観光情報の発信者側による「中国語圏からの旅行客には中国語で情報を提供しよう」という配慮や善意、気遣いが、かえって漢字のみの表記に起因する観光行動上の困りごとを生じさせやすい（ことに気づく機会すら見えにくくしてしまう）点にも注目してほしかったからである。

　訪日旅行客の増加に対応すべく、これまで種々のガイドラインや用語集が刊行されているが、一覧性・網羅性を備えたそれらのガイドライン等の内容は、本稿での情報B・Cに関連するものであり、情報Aが関わる地名・駅

名等の固有名詞に使用される漢字表記が中国語母語話者の観光行動にもたらす不利益にはふれていない[9]。つまり、省庁でも自治体でも、観光関係者からも、目的地への行き方や現地ならではの体験を伝えるための多言語対応は講じられてきたが、その多言語対応によって中国語母語の旅行者に中国語で情報を伝えようとする際に、旅行者と受け入れ側が現場で口頭でのやりとりを交わすこともある点は、十分に意識されてこなかったと言える。中国語漢字表記による日本語音の不可読性が死角になっていたのである。

　そこで、本稿では改善策の一つとして、固有名詞の「駅名板」化を提起したい。鉄道各社の駅ホームに設置された吊り下げ型駅名看板が固有名詞（駅名）を漢字・ひらがな・ローマ字で表記しているのに倣い、中国語パンフレットにおける固有名詞にもローマ字を併用するのである。ひらがなを知らない旅行者の存在も考慮に入れると、中国語パンフレットでは、中国語漢字とローマ字の併記を原則とすればよいのではないだろうか。なお、駅名板における漢字・ひらがな・ローマ字の表記順序は鉄道会社によって異なるように、中国語パンフレット上でも中国語漢字とローマ字表記の先後はこだわらなくてもよいだろう。

3.2　多文化共生社会における情報発信は共生社会における情報発信

　日本語教育や言語権・情報保障を考察する分野では、日本語の漢字表記が誘因となる種々の困難をローマ字表記によって解決・軽減しようとする見解が報告されている。その趣旨は、本稿が提案する中国語漢字にローマ字表記を併用しようとする「駅名板」化対策と符合する。

　例えば、アンガー（2017）では、ひらがなとローマ字という対等な価値を認められる二つの表記法が一つの言語の中に存在し、そのどちらも使用できる状況を指すダイグラフィア（digraphia）の導入を提唱している。角（2017）は、日本語教育や情報保障の面でローマ字に正当な評価をあたえ、ひらがなとともに「やさしい日本語」の一つとして位置づけるべきであると指摘しており、マツォッタ（2017）では、漢字仮名交じり表記の習得難度を言語学および日本語教育の観点から論じて、ローマ字表記併用による外国人居住者の

非識字問題の負担軽減に言及している。あべ（2023）は、視覚障害者やろう者も視野に入れたうえで、日本語表記をバリアフリーにするために漢字という障害がうみだす問題にどう向き合えばいいかを論じ、音声よみあげソフトで文章をよむ人がいることを事実として認知するなら、漢字表記の人名や地名はひらがなで表記するか、漢字のよみがなをそえる必要があると述べている。これらの論著の主旨を概括すると、共生社会における情報保障の重視と言える。

　本稿は、「多文化共生社会における情報発信を再考する」目的のもとに、中国語パンフレットを材料にした論考である。この「多文化共生社会」という用語は、日本人が外国人とうまくつきあうというような、日本人 vs 外国人という構図をイメージさせやすいかもしれない。しかし、「多文化共生社会」という概念でより重要なのは、「多文化」ではなく「共生」のほうであると筆者は考える。多文化の尊重、多言語による対応という絶対善とも呼べるような純真な思いやりによって、中国語圏からの旅行客には中国語で情報を伝えようとした結果、図らずも、漢字に起因する観光行動上の不利益が見えにくくなっていたのである。

　中国語パンフレットの提供は、日本語漢字表記の難読性に向きあう過程を経ずに、日本語の漢字を中国語の漢字に置き換えた結果、中国語漢字表記による日本語音としての不可読性を生じさせていたとも言える。もし最初から、「共生」という概念に重点をおいていれば、日本語の母語話者も学習者も、日本語母語の大人も子どもも、障害のある人もない人も、外国人旅行者も外国人定住者も、想定し得るすべての人々が情報をやりとりする当事者になる現実をふまえて、日本語の漢字表記が有する難読性への対応策をもっと早くに得られていたかもしれない。

　本稿では情報 B に関して、方位記号を示したり移動時間には移動距離も示したりという改善策にふれたが、このような方法は、中国語圏からの観光客だけでなく、外国人観光客や日本人観光客をふくむすべての人に有益である。したがって、海外からの訪日旅行客を意識していなかったとしても、誰もが旅程を立てやすいように、誰もが目的地に行きやすいようにという共生

の発想が先にあれば、その発想を中国語パンフレットに盛り込むだけで、結果的に、中国語母語の旅行者がとり得る観光行動を確実に支援することができる。

　結局のところ、中国語の漢字表記による日本語固有名詞の不可読性は、中国語パンフレットの提供者が日本語の漢字表記が本来有する難読性に気づいていなかったからである。もちろん、自分が困っていないことに気づくのは難しいことである。また、難読地名クイズを楽しめるのは通常の読み方で漢字を読めるアドバンテージがあるからだという点に気づくのも難しい。だからこそ、共生社会における情報発信のあり方をふまえて、日本語の漢字表記がもたらす難読性を客観視する必要がある。そのうえで、漢字表記が障害になる人々への配慮、即ち、情報の授受という行為に対する支援の方法を中国語パンフレットにも適用・兼用すればよいのではないだろうか。

注

1 ）　本稿では、中国以外に、香港、台湾、東南アジア等での華人社会からの旅行者を「中国語圏からの旅行客」と呼び、旅行者の母語・第一言語が中国語であることに焦点を当てるときは「中国語母語の旅行者」と呼ぶ。また、簡体字表記されたものも繁体字表記されたものも、一律に中国語と称する。

2 ）　コロナ禍以前は現在と比べても、翻訳サイトの精度が低く、翻訳サイトを利用して得られた出力を無批判に受け入れた結果、さまざまな深刻度の中国語表現が頻繁に見られていた。

3 ）　本稿での個人旅行客とは、家族旅行者やパックツアーの参加者でも自由時間を利用できる旅行者をふくむ。

4 ）　事前にそのような予想を立てたのは、公共交通機関による運賃の設定基準に対する多言語対応が最近まですすんでいなかったからである。国内の公共交通では、学齢によって大人料金と子ども料金を区分していることが広く社会で共有されているためか、多言語化する際に“成人”（「大人」の意）“儿童”（「子ども」の意）と記されるだけで、その区分基準は示されず、子ども料金の適用範囲がわからなかった。これに対して、入場料を要する観

光施設では、以前から、大人・子どもの区分だけでなく、中学生や高校生という校種によっても料金設定が細分化され、窓口やパンフレット等で明示していたところが多かった。

5） そのため、道路上には「この先路面工事・片側通行」等の注意喚起も多言語（主として日本語・英語・中国語・韓国語の4言語）で見られるようになっている。

6） Google 翻訳の音声読み上げ機能を利用すると、「平取町」は「びらとりちょう」という音声が出力されたが、「二風谷」は「にかぜたに」になってしまった（2024年8月現在）。

7） 国土交通省観光庁 2014 にも「中国語には簡体字表記と繁体字表記の二種類がある」という記述があるが、両者は異なる中国語である（後者は華語と呼ばれることもある）。どちらの言語の母語話者も相互に理解は可能であるが、使用語彙や表現パターン等の面で相違点は少なくない。中国語パンフレットの中にはこの点を重視し、異なる言語としての体系的な理解にもとづき異なる表現様式を採用したものも少数ではあるが存在する（さっぽろ円山動物園等）。本稿は中国語の表現様式を問う論考ではないため、社会での慣行に倣い、文章中では便宜的に簡体字・繁体字という用語を使う。

8） 中国語圏の児童向け読み物では、中国ではピンイン、台湾では注音符号が、中国語音声を示す手段として、日本語における「ふりがな」とほぼ同様の機能を担っている。

9） 例えば、国土交通省（2005）では、案内標識の種類や役割だけでなく、その設置箇所や観光情報としての識別性にも言及があり、国土交通省観光庁（2014）では、中国語の表記方法には簡体字と繁体字の二種類あると指摘したうえで、「入り口・出口」から「三脚の使用禁止」や「目的地に到着しました」等、豊富な対訳一覧を用意している。これらは、情報 C に利用する翻訳上の目安になり得る。国土交通省観光庁（2022）でも、北海道から沖縄まで本稿の情報 C に相当するキーワードについて、英語・中国語（簡体字・繁体字）での対訳が例文つきで一覧にされている。国土交通省総合政策局観光地域振興課（2006）では、公共交通事業者等が情報提供促進措置を講ずべき区間を北海道から沖縄まで例示している。

参考文献

あべやすし 2023「漢字のバリアフリーにむけて」『ことばのバリアフリー―情報
保障とコミュニケーションの障害学―』増補新版, pp. 179–193, 生活書院

アンガー J. マーシャル 2017「日本語のダイグラフィア―その意味と必要性―」
J. マーシャル・アンガー，茅島篤，高取由紀（編）『国際化時代の日本語を
考える―二表記社会への展望―』pp.1–30，くろしお出版

国土交通省 2005『観光活性化標識ガイドライン』https://www.mlit.go.jp/common/
000233052.pdf（2024 年 9 月 15 日閲覧確認）

国土交通省観光庁 2014『観光立国実現に向けた多言語対応の改善・強化のため
のガイドライン』https://www.bunka.go.jp/seisaku/bunkashingikai/kondankaito/
eigo_kaisetsu/01/pdf/sanko_shiryo_1.pd（2024 年 9 月 15 日閲覧確認）

国土交通省観光庁 2022『地域観光資源の中国語解説文作成のための用語集』
https://www.mlit.go.jp/kankocho/content/810001899.pdf（2024 年 9 月 15 日閲覧
確認）

国土交通省総合政策局観光地域振興課 2006『公共交通機関における外国語等
による情報提供促進措置ガイドライン―外国人がひとり歩きできる公共交
通の実現に向けて―』https://www.mlit.go.jp/kankocho/shisaku/kankochi/pdf/
koutsuuguideline.pdf（2024 年 9 月 15 日閲覧確認）

角知行 2017「ローマ字日本語人とはだれか―日本語教科書の調査から―」J. マー
シャル・アンガー，茅島篤，高取由紀（編）（編）『国際化時代の日本語を考
える―二表記社会への展望―』pp. 89–106，くろしお出版

北海道警察本部交通部監修 2023『北海道を安全に走るために』一般財団法人・
北海道交通安全協会

マツォッタ瑞幾 2017「多文化共生社会におけるローマ字表記の必要性」J. マー
シャル・アンガー，茅島篤，高取由紀（編）『国際化時代の日本語を考える
―二表記社会への展望―』pp. 107–124，くろしお出版

コラム1

観光都市バルセロナとオーバーツーリズム

—地域住民との共生の観点から—

堤　明子

I.　観光大国の人気都市バルセロナ

　スペインは観光客数・観光収入ともに世界2位常連国である。ヨーロッパ南西端のイベリア半島にあり、地中海や大西洋に囲まれた地形から欧州では屈指のリゾート観光大国だ。マヨルカ島やカナリア諸島などの島が人気だが、中でも観光客が最も多いのがカタルーニャ州で、その州都バルセロナは陽光な観光都市である。

　バルセロナの街を彩るのはアントニ・ガウディに代表される華やかなモデルニスモ建築や、曲線を特徴としたユニークな現代建築だ。ピカソやミロら20世紀のアートを代表する巨匠の美術館をはじめ、文化遺産の見どころも尽きない。クルーズ船の延べ乗船者数や、国際会議・見本市の参加人数で欧州トップを誇り、サッカーの重要な試合やオリンピック施設を利用したスポーツの国際大会も開催する。多岐にわたる楽しみ方が見つかる街だが、欧米人にとって特に魅力なのはグルメやショッピングやナイトライフが楽しめる都会でありながら、青空とビーチという南国リゾート地の解放感が味わえる点である。年金生活者の長期滞在型観光が多いスペインの海辺の街では珍しく、若者や現役世代を含むすべての年齢層を魅了している。

2.　オーバーツーリズムの弊害

　バルセロナ市の人口は 170 万人前後だが、2023 年には人口の 9 倍以上の、約 1,560 万人[注]の観光客が訪れた。欧州ではベネチアと並ぶオーバーツーリズム都市の代表だ。街の面積は約 101 km² だが、観光客が集中するのは 2 キロ× 2.2 キロほどの旧市街や、市民の居住地である。広い敷地もなくバス駐車場も備えていない。人気観光スポットが一般住宅と隣接するため、観光バスの渋滞や入場券売場の長蛇の列さえ住民の迷惑だ。大型バスの U ターンが困難な観光地で交通が完全にストップし自宅へ帰れない問題も起き、地域住民の抗議運動へ発展した。うんざりした市民にヘイト感情が生まれ、街角で「ツーリストは家へ帰れ」の殴り書きを見かける。

飲食店目当てに観光客が増えてきた住宅街の落書き

　混雑同様に地域住民の嫌悪感を招いているのは観光客のマナーの悪さだ。元よりスペインの海沿いの街には太陽とビーチ、パーティーやお酒を求めて騒ぎたい観光客が押し寄せるため、Turismo de Borrachera（酔っ払い観光）という観光名称が生まれた。スーパーで安い銘柄の小さなビール缶が 30 セントから買えるため、物価高の外国人には天国である点も拍車をかけている。飲食店には見向きもせず、スーパーで安価な飲食料品を購入し、深夜から明け

方まで野外で騒ぐ旅行者は増える一方だ。道端にゴミを散乱させ、路上で用を足し、騒音・衛生・悪臭・治安・ドラッグの問題まで引き起こしている。

　同様の問題は海沿いの田舎町が長年抱えていたが、人口や仕事の少ない地方では多少のマナーに目をつぶっていた。ところが欧州各国からの格安航空会社（LCC）や民泊が市内で激増したため、田舎を選ばなくても都会のバルセロナで羽を伸ばせるようになった。観光客の多さに辟易する市民にとって、酔っ払い観光は迷惑をかけるだけで地元にとってなんの利益にもならないマイナスイメージの観光モデルとなっている。

3.　住民の生活へ深刻な影響を及ぼす民泊

　インターネットや民泊サイトの台頭で、誰もが簡単に自分のアパートを観光客に宣伝できる時代になったが、民泊は住民との共生においてバルセロナ最大の問題だ。観光国スペインでは観光業界の様々な職業がライセンスや登録制だが、バルセロナの民泊登録数は3年で3倍に急増し、2025年現在1万軒に近い。10年近く新規ライセンス発行を凍結していたが、数字に出てこない無許可民泊も相当数あると予想されている。

　民泊の問題は、利益が高いため賃貸をやめて民泊を選ぶ家主が増えたばかりか、この商売に目を付けた投資家や詐欺団体がペンションやユースホステルと実態の変わらない経営を展開するなどして、住民向け賃貸物件が激減したことだ。需要と供給のバランスが崩れ、家賃が高騰し、払えない若い世代はバルセロナ市を離れている。市は無許可民泊を掲載する民泊サイトや違法民泊の持ち主に最低6000ユーロの高額罰金を科し、民泊対策チームや摘発サイトを立ち上げて対策を講じてきた。2016年以降2.2万軒以上を摘発し、約1万軒に民泊停止や罰金を科し一定の効果はあげているものの、賃貸を装うなど手口は巧妙化して新しい民泊があとを絶たない。

　民泊は住民の生活エリアに観光客が入り込むので、朝までのパーティーや

早朝・深夜にスーツケースを運ぶなどの騒音問題や、住宅街でのドラッグ・アルコール問題も起きている。知らない外国人が自宅アパートの鍵を持ち、頻繁に出入りする安全面の不安も生み、近隣住民とのトラブルが尽きない。住民の方が嫌がらせを受けるハラスメントも発生している。

　希望の光は 2024 年に採択され執行が待たれる EU 民泊規制法だ。オンライン民泊事業者はライセンス情報の確認と掲載、宿泊情報の毎月の提出が義務付けられる。またバルセロナ市は深刻な住宅問題に対処するため、2028年にすべての民泊を撤廃する大胆案を発表した。ライセンスの取り消しが法的に可能なのか論議を呼んでいる。

住宅のベランダに掲げられた抗議メッセージ

4.　質の良い観光への転換

　観光地の大混雑に対して、バスや歩行者の通行規制や人数制限、歩道や歩行者天国の拡大、宿泊施設の新設禁止など様々な対策を講じてきたバルセロナは、現在、「質の良い観光（Turismo de Calidad」）を目標に掲げている。まず着手したのが古い観光イメージの払拭だ。

　スペインはフランコ独裁政権時代に「太陽とビーチ観光（Turismo de Sol y

Playa)」の観光政策で成功を収めた。国際的に孤立し経済が低迷したあと、外貨を稼ぐ政策に転換、60 年代から 70 年代前半に「スペインの奇跡」と呼ばれる経済成長を遂げたが、経済政策の大きな柱の 1 つが観光だった。情報観光省を新設し、豊かになったヨーロッパの人々が夏の避暑地として南仏を訪れていた時期、フランスより南にもっと太陽がまぶしく、物価の安い国があるとアピールし、スペイン観光ブームを巻き起こしたのだ。「太陽とビーチを楽しむ安い国」という観光イメージは現在でもヨーロッパに根強く残るため、イメージ一新に取り組んでいる。

　新戦略でターゲットに据えたのはアメリカの富裕層で、ここ数年バルセロナ観光局はアメリカ合衆国の複数都市で観光促進をおこなっている。新たな観光モデルとして「文化」と「グルメ」を 2 大アピールの軸にし、美術館や一流シェフらも同行した大掛かりなプロモーションだ。観光消費額が平均を大きく上回るアメリカ人市場には期待が寄せられている。

　観光客の数ではなく「質」を求め、市がホテル業界に向けて宿泊料を引き上げよと異例の呼びかけを行い、ホテル代が高騰している。

　「観光が市民の利益になっていない」との批判を受け、観光収入の獲得も本格化させた。観光バス乗降の有料化や観光税の増税も実施。観光税は住民のために使い、その用途を公表し、地域経済への貢献が住民に伝わるよう工夫している。飲食・宿泊費込みのクルーズ客はお金を落とさず街を混雑させるだけで、儲かるのはクルーズ会社のみと揶揄されていたが、乗船人数あたりの観光税を設け、船を降りない観光客からも収入を得ている。

　あとは日帰り観光客からの観光収入が課題だ。日本の団体ツアーをはじめ、バルセロナ郊外に宿泊する観光客は多い。試験的に開始したベネチアの入島税を参考にしながら、宿泊施設以外で観光収入を得る方法が議論されている。

　「観光は地域住民が共感できなければ失敗である」とはスペインの観光学校の授業で聞いた言葉である。様々な取り組みで試行錯誤を続けるバルセロナが、観光と地域住民との共生という難しい問題を解決に導くことができるのか今後も注目していきたい。

注

'Seguimiento de la actividad turística en el Destino Barcelona 2023-XII'
Observatori del Turisme a Barcelona（バルセロナ観光観測所）

ただし、公的には記録されない観光客数（入国審査のない陸路移動、近郊
からの日帰り訪問、民泊利用など）を含め、これを大幅に上回る数字での
報道もある。

第 2 部

定住者・生活者にも関わる
情報提供のあり方を考える

第3章

公園施設等における「日本語のみ」の表記にはどのような課題があるか

―社会における不当評価や不平等を生まない表記について考える―

佐藤　梓

要旨

　本稿では、さまざまな背景をもつ不特定多数の人々が利用する公園施設等に注目し、その施設内にある案内板、注意書き、掲示などに日本語のみで書かれているものにはどのような課題があるかを考察する。都市にある公園は、レクリエーションを目的に使用される場面が多いが、地震などの災害や緊急時には、避難場所となることもある。これらを踏まえ、緊急時に使用することも想定し検討をしたが、現在はすでに多くの場所で多言語での表記が増えており、日本語のみで書かれているものがあったとしても、命に関わるような課題は見受けられなかった。しかし、日本語のみで書かれた案内や注意書きは実際にさまざまな場所で存在しており、その内容が理解できないことにより、他者から不当な評価を受ける可能性や誰もが受けられるサービスを受けられないなどの不利益を被る可能性があることが明らかになった。日本語の理解度の差が不当な評価や不利益につながることがないよう、案内や注意書きの提示方法を検討していく必要がある。

キーワード

　公園施設、平時・災害時、不当な評価、不平等、不利益

1.　はじめに

　季節ごとのイベントや定期的に催し物が開催されるような、ある程度の規模を要する都市の公園は、さまざまな人々が行き交う場所である。例えば、ある人にとっては日常的な散歩や通勤通学の通り道となり、ある人には休日にゆったり過ごす場所や季節の植物を観賞する場所にもなる。さらに、観光客のような短期滞在者にとっても、散策場所となることもあれば、催し物に参加するための会場となることもある。

　本稿では、「都市にある公園施設等」における言語景観について議論を進めていくが、まずはこの「公園」の分類について、簡単に整理する。国土交通省ホームページにおける「都市公園」の解説によると、都市公園とは、「都市住民のレクリエーションの空間となるほか、良好な都市景観の形成、都市環境の改善、都市の防災性の向上、生物多様性の確保、豊かな地域づくりに資する交流空間など多様な機能を有する都市の根幹的な施設を指す」という [1]。この都市公園は、5つの種類（住区基幹公園、都市基幹公園、大規模公園、国営公園、緩衝緑地等）があり、さらにその下位分類として 12 の種別（街区公園、総合公園、広域公園、特殊公園、等）に分類されている [2]。その中でも本稿で想定する「都市にある公園施設等」とは、都市住民全般の休息、観賞、散歩、遊戯、運動等総合的な利用に供することを目的とする公園である「総合公園」、もしくは、植物園などを含む「特殊公園」を指すものとする。さらに、本来は「公園」ではないが誰でも気軽に出入りできるような構造の大学キャンパスや神社などの参道、城郭の周辺公園も含めるものとする。

　「都市にある公園施設等」に共通するのは、その空間に立ち寄る、または、利用する対象が多様な人々であるということである。周辺都市の居住者から中・長期の滞在者、観光客などの短期滞在者まで、実にさまざまな人々が集う場所である。これらの人々は、日本語の理解という点から考えてみると、日本語を母語とする人、日本語は母語ではないがすでに習得した人、学習途

中の人、学習し始めたばかりの人、日本語を全く理解できない人など、多様であろう。日本語の習熟度については、必ずしも滞在歴に比例するものではなく、さまざまな背景をもつ人々が「都市にある公園施設等」を利用することが考えられる。

　そのような公園施設における標識や案内などは、訪日外国人観光客の増加に伴い、観光庁や環境省、地方自治体、観光協会などの取り組みにより、多言語対応が増えてきている（親泊 2019）。ただ、実際に調査をしてみると、「日本語のみ」の案内板や注意書き、掲示なども多くある。必ずしもすべての案内を多言語化する必要はないが、今後さらに言語や文化背景の異なる人々が共に暮らすことになるであろう日本において、現在の「日本語のみ」の案内や注意書きなどには問題はないのだろうか。本稿では、このような「日本語のみ」の表記にはどのような課題があるかについて、検討をしていく。

2. 公共の場における表記に関連するガイドライン

2.1 観光立国としての表記の充実を目指すガイドライン

　まず、公共空間の言語表示について、これまでの経緯を簡単に抑えておきたい。「観光立国」の推進にあたり、日本の観光インフラは、外国人にとって決して親切に設計されておらず、日本の街は、外国人が一人歩きしにくい状況にある等の指摘がなされた（観光立国懇談会 2003）。そこで、2005 年に国土交通省により、「日本人、外国人を問わず、訪問先の地理に不案内な観光客が安心して一人歩きできる環境を整えていくために、徒歩や公共交通機関によって移動する観光客の多くが必要とする観光情報を提供するための案内標識」について、『観光活性化標識ガイドライン』として取りまとめられた。そして、2006 年には公共交通機関に関して『公共交通機関における外国語等による情報提供促進措置ガイドライン』が作成され、標識の「表記方法」として「ユニバーサルデザインの観点から日本語、英語、及びピクトグラム（絵文字・視覚記号）の 3 種類による表記を基本とし、必要に応じ

て、多言語表示や音声案内等の活用を検討する」と定められた（山川・藤井2020）。その後、東京都や京都市など自治体のガイドラインなども策定された。

　2014 年には、各地域や各分野で策定されたガイドラインを推進しつつも、共通の基本的指針のもと、全体的な統一感をもって進められるよう、多言語対応に焦点を当て、美術館・博物館、自然公園、観光地、道路、公共交通機関などの各分野に共通する指針を盛り込んだ『観光立国実現に向けた多言語対応の改善・強化のためのガイドライン』（国土交通省観光庁 2014）が策定された。

			対象施設		
"多言語対応の対象となる情報" の種類			基本ルール	外国人の来訪者数や誘致目標等、施設特性や地域特性の観点から、英語以外の表記の必要性が高い施設	専ら地域住民の用に供されている施設等
名称・標識・サイン・情報系	禁止・注意を促す（タイプA）	（例） • 立入禁止、危険 • 禁煙、飲食禁止 • 非常時等の情報提供	日本語 英語	日本語 英語 中国語 韓国語 その他の必要とされる言語	日本語
	名称・案内・誘導・位置を示す（タイプB）	（例） • 駅名表示 • 路線図、停車駅案内 • 施設名称表示 • 駅構内図の表記 • 乗車券・入館券 • IC カードの使い方	日本語 英語	日本語 英語 中国語 韓国語 その他の必要とされる言語	日本語
解説系	展示物等の理解のために文章で解説をしている（タイプC）	（例） • 展示物の作品解説 • 展示テーマの解説 • 展示会全体の解説	日本語 英語	日本語 英語 中国語 韓国語 その他の必要とされる言語	日本語

：併記を行うことを基本とする
：視認性や美観に問題がない限り、表記を行うことが望ましい

図 1　多言語対応を行う対象・範囲等「対応言語の考え方」
出典：国土交通省観光庁（2014）『観光立国実現に向けた多言語対応の改善・強化のためのガイドライン』

この中で、多言語対応を行う対象・範囲の「対応言語の考え方」として、対象となる情報のうち、「禁止・注意を促す」タイプのものと「名称・案内・誘導・位置を示す」タイプのものは、日本語表記に英語を併記することが基本とされ、「展示物等の理解のために文章で解説をしている」タイプのものについては、視認性や美観に問題がない限り、英語も表記することが望ましいと定められている（図 1 参照）。

　ここでいう「自然公園」とは、主に国立公園や国定公園などの優れた自然の風景地であり、国や都道府県により指定された自然豊かな公園である。そのため、本稿で扱う「都市にある公園施設等」とは、規模や一人の人が訪れる頻度、生活への密着度、観光目的で訪れる人の多さなどの点において異なるが、「公園」を含んだガイドラインで明示されていることとして、参考になる。

2.2　都市公園に関連するガイドライン

　都市公園に関するガイドラインには、2022 年 3 月に改訂版が出された『都市公園の移動等円滑化整備ガイドライン【改訂第 2 版】』（国土交通省 2022）がある。これは、高齢者や障害者等の日常生活及び社会生活における移動上及び施設の利用上の利便性や安全性の向上を図ることを推進するために進められてきたものである。

　都市公園については、2006 年に移動等円滑化が必要な公園施設（特定施設）を公園管理者等が整備する際の基準として省令が定められ、法的拘束力をもつ都市公園のバリアフリー化が実施されることになった。その後、2008 年に『都市公園の移動等円滑化整備ガイドライン』が策定され、2012 年には一度改訂されている。

　2022 年の改訂の背景としては、2020 年の東京オリンピック競技大会・東京パラリンピック競技大会の開催や障害者権利条約の批准、障害者差別解消法の施行、観光立国推進による訪日外国人旅行者の増加など、社会情勢が大きく変化したことを受け、2018 年及び 2020 年にバリアフリー法の一部改正が行われたことなどがあげられる。この改定の中では、基本理念として、

「共生社会の実現」「社会的障壁の除去」の明確化、「心のバリアフリー」として高齢者、障害者等に対する支援が明記された。公園管理者を含めた施設等管理者においては、高齢者・障害者等にバリアフリー情報を適切に提供することや、高齢者障害者等用施設の円滑な利用に向けた広報活動・啓発活動を行うことが努力義務化された。

　このような背景のもと、子ども・子ども連れから高齢者まで幅広い年齢層の公園利用者が、障害の有無やその他の事情に関わらず、安全・安心で快適に利用できる都市公園の実現を目指している。これを実現するために、ハード・ソフトの両面から都市公園におけるバリアフリー化をより一層推進するため、『都市公園の移動等円滑化整備ガイドライン【改訂第 2 版】』が策定された。その中で、都市公園の整備にあたっては、バリアフリー法で求められる整備を行うだけではなく、「どこでも、誰でも、自由に、使いやすく」というユニバーサルデザインの考え方に基づき、施設の整備及び管理に取り組むことの重要性が指摘されている。

　また、都市公園は、人々のレクリエーションの空間となるほか、健康増進、自然とのふれあい、観光、地域間交流等の国民の多様なニーズに対応するとともに、地震などの災害時には避難地・避難路となる等、国民生活に欠かせない多様な機能を有する都市の根幹的な施設であることも明記されている。

　当ガイドラインには、「本ガイドラインにおける主な対象者」として、高齢者や肢体不自由者、内部障害者、障害者、妊産婦、子ども・子ども連れなど、その他も含め 14 の対象者が一覧で示されており、それぞれに想定される「具体的なニーズ」が記載されている。その中には、対象者として「外国人」も一つの項目として立てられ、日本語が理解できない場合は、「日本語による情報取得、コミュニケーションが不可能あるいは困難など」と想定されている。

　掲示板・標識に関しては、標識には、案内・誘導・位置・規制・解説・触知案内図等の 6 種のサインを導線に沿って適所に配置し、移動する利用者への情報提供を行うとした上で、加齢による視力低下や障害に応じて配慮すべき点が挙げられており、文字の認識や理解が難しい利用者のために、表示

内容の見やすさ、分かりやすさに配慮する必要があると明記されている。その表示方法においては、日本語の文字の理解が難しい利用者のためには、以下の点に配慮するように項目が挙げられている。

1. 主要な公園施設などの用語には英語、地名にはヘボン式ローマ字つづりを併記することが望ましい
2. 利用状況に応じて、ひらがな、英語以外の言語を併記することが望ましい

　以上のように、当ガイドラインにおいては、外国人（日本語を十分に理解できない人）もその利用者として想定されているが、さまざまな項目がある中においては、日本語の理解度が低いことを想定した利用者に対する具体的な言及はあまり多くない。

3.　多言語表示のない「日本語のみ」の表記

　ここまでみてきたガイドラインなどに則り、本稿で対象とする「都市にある公園施設等」を観察してみると、確かにその多くの場所で二言語表記、もしくは、多言語表示がされている場所が多い（写真 1 参照）。
　その中において、「日本語のみ」の表示も見受けられることから、この日本語のみの表示は、日本語の文字情報を理解できない人には必要のない情報なのかという視点で改めて観察したが、必ずしも「必要がない」とはいえないものがあった（写真 2 参照）。

写真 1　公園等施設における多言語での表示例　禁止事項等
（調布市 2022 年 6 月撮影）　　　　　　（名古屋市 2023 年 1 月撮影）

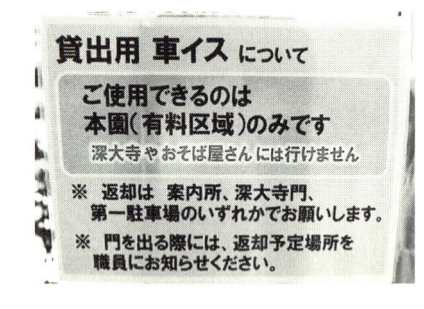

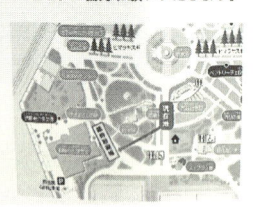

写真 2　「日本語のみ」で表示されている例
（調布市 2022 年 6 月撮影）　　　　　　（名古屋市 2023 年 1 月撮影）

　この議論の前提として、日本語の文字情報を理解できる人もできない人
も共に暮らせる社会を実現するという点から考える必要があるだろう。柿
原（2020）は、日本がすでにさまざまな背景をもつ人々が暮らしているこ
とを指摘した上で、日本には以前から多様なルーツをもつ人々が暮らしてい
たが、多くの人が「日本には日本人が日本語を話して暮らしている」と考えて

いたと述べており、これは、日本に住んでいる人はみな日本語を理解していることが前提となっていたともいえる。このような考え方からすると、旅行者以外の日本居住者（短期、中長期滞在者を含む）は日本語が分かるため、多言語表示の必要性は、旅行者だけがその対象者となってきたとも考えられる。しかし、実際には、短期、中長期滞在者であっても必ずしも日本語の文字情報を問題なく理解できる訳ではない。

　そこで、今後もより多くのさまざまな背景をもつ人々が日本社会に増えていくことを前提とし、現在ある「日本語のみ」の表示にはどのような課題が潜んでいるかを考察していく。

3.1　多言語表示のない「日本語のみ」の表記の調査概要

　本稿で取り上げるデータの調査は、北海道札幌市、青森県弘前市、東京都調布市、愛知県名古屋市の各市内にある公園施設等にて収集した二言語、多言語、日本語のみで表示されている案内板、注意書き、掲示である。具体的な調査地は、一般市民（日本語母語者、定住非日本語母語者）、日本語を母語としない中・長期滞在者、旅行者（国内外からの訪問者）など、多くの人が利用するであろう公園施設等をその対象とした。先に述べたように、本稿では、さまざまな人が訪れる可能性がある場所として、本来は「公園」ではないが誰でも気軽に出入りできるような構造の大学キャンパスや神社などの参道、城郭の周辺公園についても調査対象とした。

　本稿には、特定の場所の表示や注意書きなどを批判的に取り上げる意図はない。今回の調査地において収集したような表記は、日本中のどこにでもあり得るものという観点からサンプルとして取り上げ、本稿の分析資料とした。場所が特定されることは本稿の趣旨にそぐわないため、各資料の撮影地（市町村）と年月のみを明記する。掲載するデータの中には、当該の場所を知っている人やデータの内容により場所を特定できるものもあるが、その場所を批判する意図がないことを改めてここに記す。

3.2　「日本語のみ」の表記に関する分類

　「日本語のみ」の表示について、プレ調査を実施した際に何らかの基準を設け、データ収集を行う必要があると判断した。

　そこで、まず、公園施設の機能を振り返り、1) レクリエーションの場としての機能、2) 災害時・緊急時の避難場所・避難経路としての機能の二つに大別し、分類としては、「平時（災害などの危機的な状況でない日常場面）に、公園に来ている場面」と「災害時・緊急時（公園滞在中に災害が起こった場面、もしくは、その施設が避難場所や避難経路になる場面）」とした。

　次に、「日本語のみ」であることにより（日本語での文字情報を理解できない場合）、どのような状況が生じ得るかという観点から、6つの「状況」を設定した（表1）。

表1　「日本語のみ」の表記の場面と状況による分類一覧

	場面	状況	略称
①	災害／緊急時	生命に危険が及ぶもの	災・生命
②	災害／緊急時	その場で求められる行動が把握できない 意図せず救助や避難などの妨害をしてしまう 可能性があるもの	災・妨害
③	災害／緊急時	利用可能なサービスを得ることができない 怪我や体調不良につながる可能性があるもの	災・不利益
④	災害時・平時	怪我を負う可能性があるもの	災平・怪我
⑤	平時	ルールやマナーを知る術がなく、他者から受ける人物評価が不当になる可能性があるもの	平・評価不当
⑥	平時	享受できるサービスを知る術がなく、不平等が生じる、または、不利益を被るもの	平・不利益

　各分類の①〜⑥の詳細については、以下の通りである。①〔災・生命〕は、文字通り、災害や緊急時に生命の危険が及ぶ可能性があるものである。②〔災・妨害〕は、災害や緊急時などに求められる行動が書かれていてもそれを理解できず、どのように行動すべきか把握できない可能性があるものであ

る。場合によっては、意図せず、救助や避難などの妨害をしてしまう可能性も含む。③〔災・不利益〕は、緊急時・災害時に、怪我や体調不良につながる可能性があるものである。災害時に使用できる自動販売機などがあっても、その存在や使い方が分からず、場合によっては怪我や体調不良につながる可能性がある。④〔災平・怪我〕は、災害時や平時のどちらであっても怪我を負う可能性があるものである。⑤〔平・評価不当〕は、その場所にはルールやマナーがあり、それを周知する表示があるが、内容を知る術がなく、そのルールに反した行動をしてしまう可能性があるものである。さらに、このルールやマナー違反により、他者からの人物評価が不当になる可能性も含まれる。⑥〔平・不利益〕は、利用者が等しくその場で提供されているサービスについて知る術がなく、享受できるはずのサービスを得る機会を失うものであり、日本語の理解度により不平等が生じるものである。

　上記に示したこの分類は、現在、実際に起こっている事象というわけではなく、日本語の文字情報のみの場合、その情報を得ることができなかった場合に生じ得る状況を推測しているものである。ただし、ここに挙げたような状況が現在、実際に起こっていないとも言い切れない。

　次項から、具体的な例を用いて、今回の調査における①〜⑥に該当する表示の有無やその内容について詳しくみていきたい。

3.3　「日本語のみ」の表記の実際

3.3.1　〔災・生命〕生命に危険が及ぶもの

　本稿冒頭でも述べた通り、日本語の文字情報でしか情報発信がなく、生命に危険が及ぶような表記は今回の調査ではみつからなかった。災害時に関する表示や掲示は地域差があり、そもそも地震等の災害を想定した表示がほとんど見受けられない地域もあった。災害に関連した多言語表示については、市町村長が指定する指定緊急避難場所の標識が複数の調査地にて見受けられた。日本語のみの標識ではないが、地域性が観察できたため、ここに掲載する。写真３の左側は、札幌市内の公園施設等で収集したものであり、多言語の中にロシア語が含まれている。この指定緊急避難場所の案内板は、各市

町村長が指定し設置するものであるため、その土地の実情に合わせたものに
なっていることがうかがえる。一方、同じ指定緊急避難場所の標識でも名古
屋市の公園等施設に設置されているものには、ひらがなと英語が併記されて
いた（写真3　右側参照）[3]。

写真3　指定緊急避難場所の標識例
（札幌市　2022 年 10 月撮影）　　　　　　（名古屋市　2023 年 1 月撮影）

3.3.2 （災・妨害）意図せず避難などの妨害をしてしまうもの

　この分類は数多く観察された訳ではないが、例を一つ示す（写真4参照）。
これは、災害時を想定し、普段から利用者への呼びかけをしているものであ
る。

写真4　災害時の対応についての注意事項（調布市　2022 年 6 月撮影）

　とても広い広場の入り口近くに複数枚同様の掲示があったが、すべて日本
語のみで書かれており、英語等の日本語以外での表記は一枚も見当たらな

かった。この「お願い」は、イラストがあるため、ヘリコプターに関連したことであることは推測できるが、ここに書かれている内容を日本語を介さず読み取ることは困難である。また、災害などの緊急時に、この内容が分からず、このエリアに入ってしまうことや、広い場所であることから安全だと考え、移動せずこの場所に留まってしまうことも考えられる。これは、ある人の行動が意図せずであっても、救助を遅らせる要因になる可能性がある。この場所には、複数の同じ案内を設置していることから、できるだけ事前に多くの利用者に周知し、協力してほしいという意図があることが推測される。しかしながら、この日本語のみでの発信では、公園利用者に十分に情報が伝わる「お願い」になっているとはいえない。

3.3.3　〔災・不利益〕怪我や体調不良につながる可能性があるもの

　ここで示すのは、複数の公園等施設に設置されていた災害時に利用できる災害対応型の自動販売機である。災害時に無料になること（写真5）や停電時でも使用できること（写真6）、さらに、停電時に手回しで発電し使用できること（写真7）などが示されていた。写真7の販売機には、発電方法が記載されていたが日本語のみの説明であった。これらの自動販売機は、日本語の理解度によって利用できるかに差が出る可能性がある。実際に大規模災害などが起きた際には、さまざまな人が助け合い、情報伝達が行われる可能性もある。しかし、事前の備えとして、いざというときにすぐに活用できるようにするためには、事前周知が要となる。その点から考えると、これらの販売機にも多言語での表示やQRコードで情報をいつでも得られるようにするなどの工夫が必要である。

　自動販売機に関しては、公園等の管理者だけの問題ではなく、設置している企業側への働きかけも必要である。写真5のように、別途掲示等を増やすことができるのであれば、管理者側が利用者を想定して、情報を追加することも可能であろう。

災害対応型自動販売機であり、無料で提供される
ことが管理者により販売機上部に貼り付けら
れている。

写真 5　災害対応型自動販売機 1（札幌市　2022 年 10 月撮影）

災害停電時においても飲料が提供できることが
書かれている。

写真 6　災害対応型自動販売機 2（調布市　2022 年 6 月撮影）

災害対応型自動販売機であり、非常時は手回し
で発電できることとそのやり方が記されている。

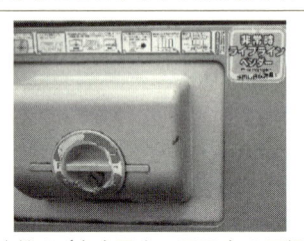

写真 7　災害対応型自動販売機 3（名古屋市　2023 年 1 月撮影）

3.3.4 〔災平・怪我〕災害時及び平時に怪我を負う可能性があるもの

　この分類は、災害時や平時のどちらにも起こり得ることを想定している。
写真 8 と 9 は、どちらも頭上からの落下物に対する注意喚起である。

写真 8　頭上からの落下物への注意喚起 1（札幌市　2022 年 10 月撮影）

写真 9　頭上からの落下物への注意喚起 2（名古屋市　2023 年 1 月撮影）

　この二つは、日本語のみの表記であることから、この掲示が注意喚起であることに気がつかない可能性もある。写真 8 は木の実であり、写真 9 は枝であるとはいえ、落下する高さによっては、怪我をすることも十分想定される。このように管理者が注意喚起を改めて出しているということは、「危険性がある」という認識のもとに掲示をしているのであり、この情報は日本語の理解度に関係なく、すべての利用者に伝わる方法を用いるべきである。写真 9 については、木の周辺に立ち入らないようカラーコーンが置いてあるため、写真 8 よりは何かあることは分かるが、それが頭上から落ちてくる枝に関する注意書きだとは考えが及ばないかもしれない。

　また、似たような状況ではあるが、木の実や枝よりも危険性が高いと思われるのが落雪である。頭上に溜まっている雪の量や落下の高さにより、その危険性は変わるが、真上から直撃した場合には、大怪我をする可能性も十分

に考えられる。写真 10・11 は、雪深い東北地方にて収集したものである。写真 10 は上向きの矢印はあるものの、雪のある生活に慣れていない人の場合には、何を指しているか理解できないことも十分考えられる。また、写真 11 は、高い建物の側面に貼られていたもので、この狭い場所に 3 枚も掲示があることを考えると、注意喚起の重要度がうかがえる。

写真 10　落雪への注意喚起 1（弘前市　2022 年 12 月撮影）

写真 11　落雪への注意喚起 2（弘前市　2022 年 12 月撮影）

　同じように積雪のある地域では、つららや路面凍結の注意喚起があった。つららは刺さると命を危険にさらすことがあり、路面凍結も大怪我につながる可能性がある。写真 12 は、英語とイラストを併用し、注意喚起しているものである。写真 11 と 12 を見比べると、やはりイラストなどがあったほうが、一目でその内容が分かる良さがあり、日本語の文字情報だけよりも多くの人への注意喚起が可能となるだろう。

写真 12　つららや凍結などの注意喚起　英語＋イラスト
（弘前市　2022 年 12 月撮影）

　写真 13 については、公園内にある施設や城郭の周りにある通り道となっている場所に表示されていたものである。同じように高電圧への注意喚起をするものの中には、イラストが併記されているものもあったが、ここに挙げたものは日本語のみであった。

写真 13　高電圧に関する注意喚起（名古屋市　2023 年 1 月撮影）

3.3.5　〔平・評価不当〕他者から不当な評価を受ける可能性があるもの

　ここに挙げるものは、ルールやマナーに関する注意喚起などが日本語のみで書かれているものである。この内容を把握していない場合、知らぬ間にルールやマナーを守らない行動をとってしまう可能性がある。そして、そのような行動は、他者からみると、ルールやマナーを守れない人物であるという評価が下されることにもなる。

　例えば、写真 14 を見ると、左側に開けた広場があるのが分かるだろう。筆者が調査でこの場を見た際には、誰でも使えるいい広場があるのだなという感想をもった。その後、この周辺を調査している内に、右側の案内板を見つけ、初めて有料施設であることに気がついた。この看板は、表と裏に同じ内容が日本語のみで書かれていた。この看板の存在に気がついた際に、日本語が母語であってもこの看板は見逃してしまう可能性があり、さらに日本語での文字情報を得るのが難しい人が理解するのは不可能だと感じた。それと同時に、有料施設と知らずに使ってしまい、それをほかの人が見た際に、「有料ということを知らないのかな」と思うか、「有料なのに施設料を払わずに勝手に使っている」と思うかは、どちらもその可能性があると想像した。後者だった場合には、ルールを守らない人、有料施設を無断で使う人という評価をされてしまうことになる。そして、そのような評価をされたことにすら気がつかず、誤った評価をされたままということになる。もしこの公園を一度しか使用せず、周辺住民と今後会うことがないのであれば、どのような評価をされてもそれほど問題ではないかもしれない。しかし、度々訪れる場所だとすると、利用者同士の関係性にも影響が出かねない。

写真 14　有料施設であることを把握できない可能性（札幌市　2022 年 10 月撮影）

　次に、写真 15 は、この場所に残る礎石についての解説が書かれているものである。まず日本語で「天守の礎石」の説明がされており、少しあいて、その下に、英語による「天守の礎石」の説明がある。そして、そのすぐ下に「危険‼」という赤字のタイトルがあり、日本語でのみ、礎石に関する注意

事項が書かれている。これには英語訳はついておらず、最後の日本語の内容が理解できない人は、注意事項を知る術がないということになる。この「危険」の内容を知らず、やってはならないことをしてしまう可能性は十分に考えられる。このように、日本語だけで書かれている内容が、上部の解説に関連する追加情報のような補足であれば大きな問題にはならないが、別の情報、特に注意事項を日本語のみで書くということは、その情報が届かない人がいるということを想定し、対処を検討すべきであろう。

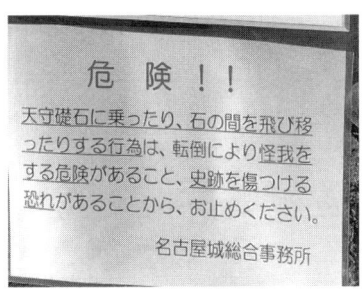

写真 15　英語の翻訳が一部だけについている例
（名古屋市　2023 年 1 月撮影）

　さらに、写真 16・17 は、どれも日本語のみであることにより、その場の「してはいけないこと」の存在を知ることができない例である。写真 16 のような水場は、夏の暑い時期に子どもなどが水遊びをしたくなるかもしれないが、この場所には立ち入りできないことが記されている。また、写真 17 のように、ゴルフ禁止、犬の放し飼い禁止、芝生内での犬の排尿・排便禁止、フンを持ち帰ることなどの注意喚起などが日本語のみで書かれていると、これらの禁止事項を知ることができない。これらは、行為をした側がそこに書かれているルールを知らないというだけであっても「ルールに反する

行為をする人」という判断や評価をされてしまうことになる。一般的に、公園でルールを守らない人がいた場合、私たちはどのくらいの割合で直接その人に注意をしたり、声をかけたりするだろうか。他者との関わりや余計なトラブルを避ける傾向にある現代社会においては、直接その人に伝える人はそれほど多くなく、周りで見ている人々は負の感情を抱きつつも、ただ関わらないという判断をする場合も想像できる。

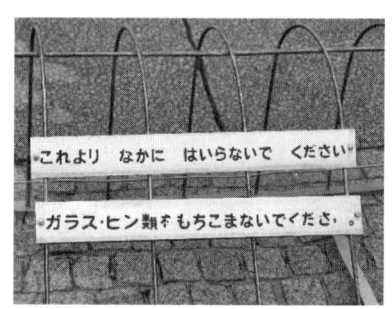

写真 16　ルールを知ることができない例 1（札幌市　2022 年 10 月撮影）

写真 17　ルールを知ることができない例 2
（名古屋市　2023 年 1 月撮影）

　また、写真 18 は、ルールではなく、見学者へのお願いとして書かれているものである。この場所は、外国人旅行者などにも人気がある日本庭園の中

にある古い日本家屋の見学地である。見学する通路と建物を隔てているもの
は膝の高さよりも低いロープがあるだけで、見学者が無意識に壁に触れられ
てしまう環境であった。ここは建物に沿って一周見学ができるようになって
おり、その所々にこの掲示があったことから考えると、実際に触れてしまう
人がいるということが容易に想像できる。

 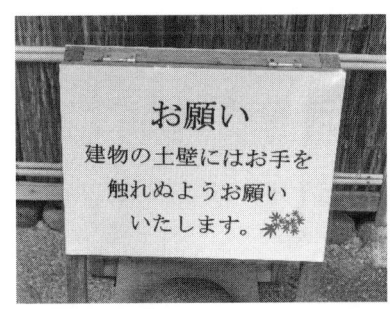

写真18　注意喚起されていることに気がつかない例（札幌市　2022年10月撮影）

　写真18にある通り、この表示は日本語を理解できない人の注意を引くよ
うになっていない。そのため、調査中も、この「お願い」の内容を見ておら
ず、思わず触れてしまったのであろう旅行者を目にした。その時は、気がつ
いた人が手を放すように伝えそれに従っていたが、本人ははっとした表情を
しており、申し訳なさそうにしていた。この表示が日本語を理解できない人
の注意も引くようになっていたら、この人は触れることもなく、恥ずかしい
思いもせずに済んだかもしれない。また、この時は注意された人がすぐに状
況を理解し反応していたが、いつも同じように穏便に事が済むとも限らな
い。見学に訪れた人同士が余計な争いを起こさないためにも、「してはいけ
ないこと」は、誰もが分かる状態で提示されるべきであろう。
　一方、写真19は、思わずちょっと腰をかけたくなるような、子どもであ
れば登りたくなるような形をしている木である。折れてしまう恐れがあるた
め、「登らないでね」と子どもに向けたであろうメッセージが書かれている。
漢字にはふりがなが、イラストには小さいながらも「NO」とあり、このよ
うな小さな配慮がいくつか重なると、内容を理解するための助けになるので

はないだろうか。

写真 19　イラストとほんの一言の英語でルールが分かる例
（名古屋市　2023 年 1 月撮影）

　以上のように、日本語で発信される情報が理解できない場合、そのルール
やマナーを知らないままとなり、その場におけるマナーやルール違反をして
しまうことになる。そして、この無意識の違反に気がつくことなく何度も繰
り返してしまうと、周囲の人からの評価が下がり、距離を置かれてしまうな
ど、日本語が分かる人と分からない人の間に分断を生みかねない。日本語の
理解度により、その場に居合わせた人の間で軋轢や負の感情を生じさせるこ
となく、必要な情報が届くように、その提示方法を見直す必要があるだろう。

3.3.6　（平・不利益）サービスなどを享受できない可能性があるもの

　最後に、利用者が不利益を被る可能性のある事例についてみていきたい。
公園施設等を利用するすべての人が、等しく利用することが可能なサービス
がある場合、その案内を日本語のみで表示していると、日本語が理解できな
い人はそのサービスの存在すら知ることができず、そこには不利益が生じ
ることになる。写真 20 は、貸出用の車イスやベビーカーに関する案内であ
る。園内で誰でも利用できるはずのものであるが、日本語のみで案内をして
いると、日本語が分からない人はこのサービスの存在を知ることができな
い。公園施設等で提供しているサービスを利用する人は、「日本語が分かる
人」であるという想定や考えを見直し、情報提供の仕方を工夫することは、

日本語の理解度により不平等を生むことのない社会を構築していくことに貢献できる。

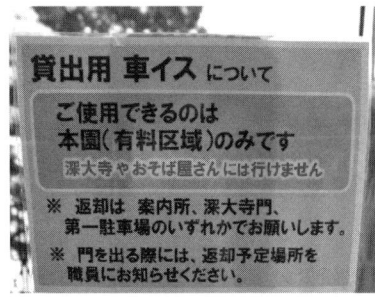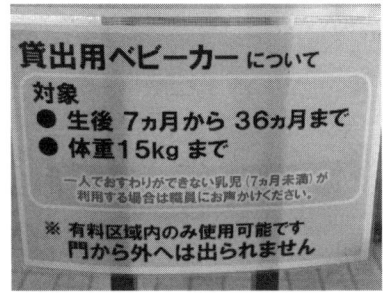

写真 20　貸出用の車イスやベビーカーのお知らせ（調布市　2022 年 6 月撮影）

　また、写真 21 は、再入場ができることと再入場するための方法についてお知らせを掲示しているものである。左側の写真は、園内のパンフレットの多言語版を置いている棚であるにも関わらず、その上に記している「再入場」の案内は日本語のみとなっている。これは、来場者には日本語以外の言語での案内が必要だという意識はあるものの、「再入場」に関しては情報伝達ができておらず、伝達する情報に差を生じさせてしまっており、大変残念な状況といえる。

写真 21　再入場ができることを案内している例
（名古屋市　2023 年 1 月撮影）

　このように、写真 20 と 21 は、本来その場で誰でも利用できるサービスであるはずが、日本語が分かるか分からないかで、利用の機会を失う事態に陥っているといえる。

　また、写真 22 は、禁煙の表示であり、そのことは日本語の理解度に関係なく情報が届くようにできている。しかし、ここには「灰皿のある所を除く」と但し書きがしてあるが、この内容については、日本語のみで書かれており、たばこを吸う場所があるという情報が伝達されない。このように、一つの表示や案内板から、その一部の情報は、イラストやピクトグラムなどのメッセージが助けとなり、言語の理解度に関係なく伝わるが、追加情報や例外情報については、伝わりにくい表示になっているというものがほかにもしばしば見受けられた。

写真 22　喫煙できる場所があることを但し書
　　　　 きしている例
　　　　（調布市　 2022 年 6 月撮影）

3.3.7　その他

　ここでは、3.2 で示した①〜⑥に分類しきれなかったものをいくつか取り上げ、日本語のみであることでほかにどのような課題があるかを考える。

　写真 23 は、公園内に設置されたかなり大きな看板で、犬の散歩に関する注意喚起であり、場合によっては罰則が適用されることが明記されている。しかし、この内容は日本語のみで、利用者の日本語の理解力に配慮した書き方や多言語での表示などはなされていない。さまざまな文化背景をもつ人々が大きな公園に集うことを考えると、このような条例に関する注意喚起も日本語の

みでの表示では十分ではないという認識が今後は必要となってくるだろう。

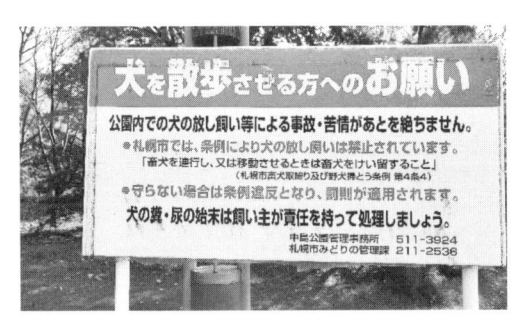

写真 23　罰則が伴うことを知るすべがない例
（札幌市　2022 年 10 月撮影）

　次に、写真 24 は、神社の参道にあったものである。大きな神社であった
ため、人出の多い時期は、迷子や落とし物などが増えることが予想される。
写真 24 の左側と同じ「警衛詰所」の看板は複数見かけたが、すべて同じ形
式で日本語のみであった。場合によっては、子どもが自ら来ることも考えら
れ、日本語だけの問題ではなく、困った人が頼る場所としては、分かりづら
く感じた。そして、実際にこの矢印の方向に曲がったところには、右側の建
物があったが、イラストなどもなく、さらに分かりづらい状況であった。

写真 24　場所が分かりにくい「警衛詰所」
（名古屋市　2023 年 1 月撮影）

4.　まとめ

　ここまで日本語のみの表記を中心に、どのような問題が潜んでいるかをみてきた。都市公園は、「どこでも、誰でも、自由に、使いやすく」というユニバーサルデザインの考え方に基づき整備及び管理に取り組むことが重要だとされており、その利用者には日本語の理解度に差がある人々も含まれることを鑑みると、「日本語のみ」の表記での注意喚起やルールの周知には限界があるといわざるを得ない。

　日本語のみの表記であることにより、利用者に周知したい事柄があるという管理者側の意図が伝わらず、注意喚起ができない状態にある例が見受けられた。スマートフォンなどで翻訳機能が使える環境にあったとしても、翻訳してまで理解しておくべきことかどうかの判断がつかないことも考えられる。そのため、少なくとも、日本語での文字情報を十分理解できない人であっても、何かについて注意喚起をしているということに気づき、さらにその内容が分かるような言語面での補助やイラストやピクトグラムを併記することで誰にでも分かる情報発信を目指していく必要がある。

　また、誰でも分かる情報発信ということから考えると、阪神・淡路大震災後に、その後の防災や減災のための備えとして非日本語母語者（外国人住民）を対象として始まった「やさしい日本語」は、最近では、平時から誰にでも分かりやすい表現を使うという観点から表示などに採用されることもある。そのため、イラストやピクトグラムとともに「やさしい日本語」を併記する方法も検討していくことは可能であろう。ただし、すべての日本語表記を「やさしい日本語」に変えるということではなく、イラストやピクトグラムなどと互いに補完し合いながら、注意喚起を促すことや内容に意識を向けてもらえるような方策を考えていくのがよいのではないだろうか。

　情報伝達の方法として、一つの方法を一択で採用するのではなく、それぞれの現場や必要な内容に応じて、二言語・多言語併記、イラストやピクトグラムの採用、やさしい日本語との併記など、その都度、調整をしながら、必

要な人に必要な情報が十分に行き渡るように対応することが肝要である。

　これからの日本は、多文化共生社会の到来が不可避であり、現在、日本社会は大きな転換点にいるといっても過言ではない。日本に居住するすべての人が日本語の文字情報を同様に理解できるということを前提に情報発信で用いる言語を選択するのではなく、日本語だけでは情報が届かない人がいる可能性を想定し、情報を届け、周知するための最善策の検討を進めていくべきであろう。日本語の理解度が異なる人々が共に生活する社会を構築していくためには、負の感情を抱えたり、不当な評価を受けたり、不利益を被るような場面をできるだけ減らせるよう検討を重ね、現状にどのような問題があるかを見直す機会を設けることが重要な鍵になるといえる。

注

1 ）　国土交通省ホームページ「都市公園データベース」参照
　　　https://www.mlit.go.jp/toshi/park/toshi_parkgreen_tk_000156.html

2 ）　国土交通省ホームページ「都市公園の種類」に都市公園の種類・種別・内容が詳細に記載されている。
　　　https://www.mlit.go.jp/toshi/park/toshi_parkgreen_tk_000138.html

3 ）　令和 5 年 12 月末に名古屋市内で住民登録のある外国人住民数は 92,509 名であり、国籍・地域別住民数でみると、中国が最も多く、その後、韓国・朝鮮、ベトナム、フィリピン、ネパールと続いている。

参考文献

親泊素子 2019「第 16 回公園標識の多言語整備について」『語る』一般社団法人公園財団 HP https://www.midori-hanabunka.jp/talk?term=k16(2024 年 9 月 28 日閲覧確認)

柿原武史 2020「今そこにある多言語な世界」柿原武史，上村圭介，長谷川由起子（編）『今そこにある多言語なニッポン』pp. 5–9，くろしお出版

観光立国懇談会 2003「観光立国懇談会報告書─住んでよし，訪れてよしの国づくり─」 https://dl.ndl.go.jp/view/prepareDownload?itemId=info%3Andljp%2Fpid%2F3531353&contentNo=1 （2024 年 9 月 28 日閲覧確認）

国土交通省 2005「観光活性化標識ガイドライン」www.mlit.go.jp/common/
　000233052.pdf（2024 年 9 月 28 日閲覧確認）

国土交通省 2020「都市公園の移動等円滑化整備ガイドライン _ 改訂第 2 版」

国土交通省「都市公園の種類」https://www.mlit.go.jp/toshi/park/toshi_parkgreen_
　tk_000138.html（2024 年 9 月 28 日閲覧確認）

国土交通省「都市公園データベース」https://www.mlit.go.jp/toshi/park/toshi_
　parkgreen_tk_000156.html（2024 年 9 月 28 日閲覧確認）

国土交通省観光庁 2014『観光立国実現に向けた多言語対応の改善・強化のため
　のガイドライン』https://www.bunka.go.jp/seisaku/bunkashingikai/kondankaito/
　eigo_kaisetsu/01/pdf/sanko_shiryo_1.pdf（2024 年 9 月 28 日閲覧確認）

名古屋市「名古屋市外国人住民統計」https://www.city.nagoya.jp/kankobunkakoryu/
　page/0000080856.html（2025 年 2 月 22 日閲覧確認）

山川和彦，藤井久美子 2020「言語景観とはなにか」山川和彦（編）『観光言語を
　考える』pp. 13–29, くろしお出版

第4章

韓国の多文化家族(multicultural family)に対する言語政策

イー　チュンギュン
李　忠均

要旨

　本稿は、韓国における多文化家族に対する言語政策の流れの紹介と、韓国内で多文化学生が多く在学している小学校の実地調査について報告するものである。多文化家族は、家族構成により、韓国人＋結婚移民者・帰化者（狭義の多文化家族）、海外出身の帰国韓国人（朝鮮族、高麗人）、外国人家族（広義の多文化家族）に分けることができる。多文化家族への言語教育は、彼らが社会の一員になることで人口減少社会に突入した現在から脱皮する現実的な打開策になると考えられる。また、移住者が地域の一員として積極的に活動し、地元住民と協力して地域の課題に取り組むことで、地域社会の活性化が促進される。なお、地元住民の異文化受容に関する意識向上のため、外国語教育の強化や相互の文化を尊重する社会的雰囲気を作ることや、多文化学生への言語教育だけではなく、移住者である親世代の出身国を理解する教育も必要である。

キーワード

　多文化家族、言語政策、支援計画の推移、韓国語教育、高麗人

I.　はじめに

　本稿は、韓国における多文化家族に対する言語政策の現状について日本で
ほとんど知られていないことに鑑みて、近年の韓国の政策の流れを紹介した
上で、韓国内での実地調査を通じて得られた知見を示すものである。多文
化家族[1]とは、一般的に韓国で生活している住民の中で、韓国以外の文化的
ルーツを持つ定住者のことをいうが、法律では次のように規定している。

> Ⅰ．結婚移民者と国籍法による出生、認知、帰化を通して韓国の国籍を
> 　取得した者で成り立つ家族
> Ⅱ．国籍法による認知、帰化を通して韓国の国籍を取得した者と国籍法
> 　による出生、認知、帰化を通して韓国の国籍を取得した者で成り立つ
> 　家族（「多文化家族支援法」第2条第1号）

　それに加え、韓国の国民と事実婚関係で出生した子どもを養育している多
文化家族構成員に対しても「多文化家族支援法」による規定が適用されるほ
か、「多文化家族支援法」には国際結婚家族、外国人移住労働者家族、脱北
住民家族も支援の対象になると明記されている。

　多文化家族は、家族構成が①韓国人との結婚移民者もしくは帰化した人で
あるケース（狭義の多文化家族）、②海外から帰国した韓国ルーツの人であ
るケース（朝鮮族、高麗人）、③韓国に定住している外国人同士であるケー
ス（広義の多文化家族）のように三つに分けることができる。次節では、①
〜③を含めた韓国で生活している外国人の統計などについて調べた後、第3
節では、政府による多文化家族への言語政策、第4節では、②を対象とし
て実際に現場でどのような教育が行われているかを実例とともに紹介するこ
ととする。

　Sridhar（1995）によれば、二重言語または多重言語を使用するきっかけは、
以下の4つの状況に分類できる。
　①　移住を通して母国語と新たな言語を併用する。

②　文化的接触を通して新たな言語を受け入れる。

③　合併および植民統治を通して新たな言語に接する。

④　商業的・科学的・技術的依存度により二重・多重言語が使われる。

　韓国の場合、近年は①のような移住者（多文化家族）が増えつつあるため、多文化家族への言語支援計画は、2008 年「多文化家族支援法」の制定を機に政府主導で基本計画を樹立するようになる。女性家族省[2] は 2010 年から 3 〜 5 年にわたる計画を立てており、教育省は毎年多文化学生への教育支援計画を立てている。その計画は、結婚移民者に対する韓国語教育およびコミュニケーション支援の強化、子どもの言語発達の支援事業の拡大、グローバル人材育成のための教育支援の強化の 3 つに集約できる。

　なお、日本の「令和 2 年国勢調査結果／国立社会保障・人口問題研究所の推計」（23.04.26 公表）[3] によると、日本の総人口が 1 億人を割り込む時期について、前回の推計では 2053 年だったが、今回は 2056 年となっており、わずかながら人口減少にブレーキがかかった。その大きな要因を占めるのが日本に住む外国人の増加で、2020 年には 2.2％だったが 2070 年には 10.8％になるといわれている。急速に多文化国家へ変わっていく隣国である韓国の事例は、今後日本における多文化家族への政策の参考になると思われる。

　また、移住者の母語使用能力を活用するための政策や地元住民に対する外国語教育の強化など相互の文化を尊重する社会的雰囲気の醸成により、移住者が地域の一員として活発に活動できる言語教育が必要になる。これにより、地元住民の異文化受容に対する意識向上や移住者の能力が発揮できる場が広がるきっかけになるだろう。

　次節では、韓国に居住する国籍別外国人や国際結婚件数、そして多文化家族や多文化学生の現状について政府発表の統計資料を利用し、調べてみることとする。

2.　韓国の多文化家族の推移

　多文化家族は、韓国人と外国人との結婚から生まれた家庭であり、韓国社会の多様性の一環として注目されている。ソウルで生活している外国人を国籍別に分けると表1のようになる。

表1　ソウル市の国籍別外国人（2019年）

合計	東アジア					
	小計	中国	中国（韓国系）	台湾	日本	モンゴル
390,177	272,046	70,347	179,166	6,749	6,645	9,139
男 189,562	131,102	30,241	92,816	2,897	1,506	3,642
女 200,615	140,944	40,106	86,350	3,852	5,139	5,497

東南アジア										
小計	ベトナム	フィリピン	タイ	インドネシア	カンボジア	ミャンマー	マレーシア	ラオス	東ティモール	その他
42,324	18,790	3,838	12,872	1,226	1,034	1,018	2,815	267	29	435
14,526	6,867	1,108	2,844	468	540	729	1,724	105	17	124
27,798	11,923	2,730	10,028	758	494	289	1,091	162	12	311

南アジア						中央アジア					アジア（その他）
小計	スリランカ	パキスタン	バングラデシュ	ネパール	その他	小計	ウズベキスタン	カザフスタン	キルギス	その他	
6,379	435	1,659	966	1,300	2,019	8,126	3,303	4,206	479	138	2,078
4,814	346	1,368	804	875	1,421	4,448	1,969	2,212	182	85	1,235
1,565	89	291	162	425	598	3,678	1,334	1,994	297	53	843

北アメリカ			ヨーロッパ					オセアニア	中南米	アフリカ	その他
小計	アメリカ	カナダ	小計	ロシア	ロシア（韓国系）	イギリス	その他				
38,029	31,902	6,127	12,377	2,573	851	1,527	7,426	2,785	1,663	4,308	62
22,566	19,718	2,848	5,601	966	343	869	3,423	1,377	756	3,125	42
15,463	12,184	3,279	6,776	1,607	508	658	4,003	1,408	937	1,183	20

https://data.seoul.go.kr/dataList/10744/S/2/datasetView.do

　ソウルで暮らす約39万人（男性約19万人、女性約20万人）の外国人の中で、多数を占めているのは約27万の東アジア出身（全体の70％）であ

る。その中でもいわゆる朝鮮族と呼ばれる韓国系中国人の 18 万人（全体の 46％）がソウルで暮らしているのが特徴的であり、第 4 節で調べる韓国系ロシア人（高麗人）は 851 人である。各地域別にみると東南アジアは全体の 11％、南アジアと中央アジアは全体の 2％ずつ、北アメリカは全体の 10％、ヨーロッパは全体の 3％を占めている。

　韓国政府は、国際結婚の現状を踏まえて、様々な多文化家族政策を行っている。国際結婚の増加に伴い、移民者家族の定着支援のための統合的な体制の構築と強化が求められるが、そのための基礎資料を統計庁が調査・公表している。本統計は、政策樹立の基礎資料として活用されており、2012 年から 2019 年までの国際結婚の詳細は、表 2 のようになっている。

表 2　国家別国際結婚（統計庁）

	2012	2013	2014	2015	2016	2017	2018	2019
国際結婚総数	28,325	25,963	23,316	21,274	20,591	20,835	22,698	23,643
韓国人男性＋外国人女性	20,637	18,307	16,152	14,677	14,822	14,869	16,608	17,687
中国	7,036	6,058	5,485	4,545	4,198	3,880	3,671	3,649
ベトナム	6,586	5,770	4,743	4,651	5,377	5,364	6,338	6,712
フィリピン	2,216	1,692	1,130	1,006	864	842	852	816
日本	1,309	1,218	1,345	1,030	838	843	987	903
カンボジア	525	735	564	524	466	480	455	432
タイ	323	291	439	543	720	1,017	1,560	2,050
アメリカ	526	637	636	577	570	541	567	597
その他	1,899	1,640	1,810	1,801	1,789	1,902	2,178	2,528
韓国人女性＋外国人男性	7,688	7,656	7,164	6,597	5,769	5,966	6,090	5,956
日本	1,582	1,366	1,176	808	381	311	313	265
中国	1,997	1,727	1,579	1,434	1,463	1,523	1,489	1,407
アメリカ	1,593	1,755	1,748	1,612	1,377	1,392	1,439	1,468
カナダ	505	475	481	465	398	436	402	363
オーストラリア	220	308	249	254	197	203	189	178
その他	1,331	1,572	1,931	2,024	1,953	2,101	2,258	2,275

https://www.index.go.kr/unity/potal/main/EachDtlPageDetail.do?idx_cd=2430

　1990年代以降、韓国では国際結婚が増加し、2000年代からは、韓国人男性と外国人女性（主に東南アジア出身）が結婚するケースが多くみられるようになった。これには、農村部の男性が配偶者を求めて外国人女性と結婚することが一因として指摘できる。なお、韓国の急速な都市化と経済発展に伴い、伝統的な家族構造や価値観が変化しており、国際結婚は、韓国社会の変化と国際化の一部として捉えられている。2019年のデータによると、外国人との結婚比率は全体の結婚件数の中で9.9%であり、国籍別にみると妻の場合は、ベトナムが37.9%、中国が20.6%、タイが11.6%であり、夫の場合は、アメリカが24.6%、中国が23.6%、ベトナムが10.7%である。

　次に韓国以外の文化的背景を持つ多文化学生についてみてみると、図1のように年々増加していることがわかる。

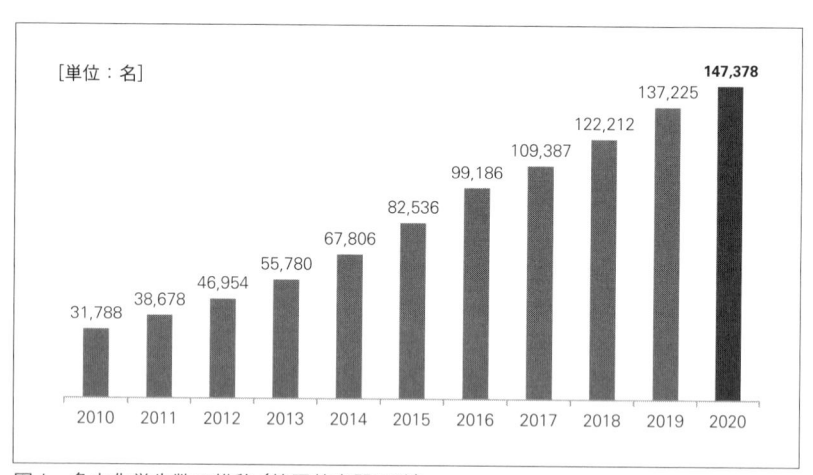

図1　多文化学生数の推移（韓国教育開発院）

https://www.index.go.kr/unity/potal/indicator/IndexInfo.do?idxCd=F0084

　法務省によると韓国に滞在する外国人は約250万人であり、その中で定住者である長期滞在者は約188万人である（2023年データによる）。外国人家族だけでなく結婚移民者も17万人であることから、韓国国内の学校に在学する多文化学生は増えつつある。多文化学生の数は、全体の学生数からすれば約3%であるが、長期滞在者は一部の地域に集中的に居住することが多

いため、学校によっては多文化学生の比率が高い所も存在する。ソウル市とキョンギ（京畿）道教育庁の調査によれば、ソウルドングロ（東九老）小学校は、多文化学生が 67.9%、第 4 節で言及するキョンギ（京畿）道アンサン（安山）市のソンイル（仙一）小学校は、多文化学生が 75% にも達している。多文化学生が半数以上を占める学校は、ソウル市ではクロ（九老）区、京畿道では安山市に多く所在する。このように、地域によって多文化学生が集中するため、安山市の某中学校は、多文化学生の入学希望者をすべて受け入れることが困難であり、韓国語入学試験を導入することで、多文化学生の比率を 30% 以下に抑えているという [4]。

　多文化学生の地域別現状については図 2 のようになっており、キョンギ（京畿）道に一番多く滞在していることが確認できる。なお、図 3 からは、韓国国内出生の多文化学生が増えていることがわかる。

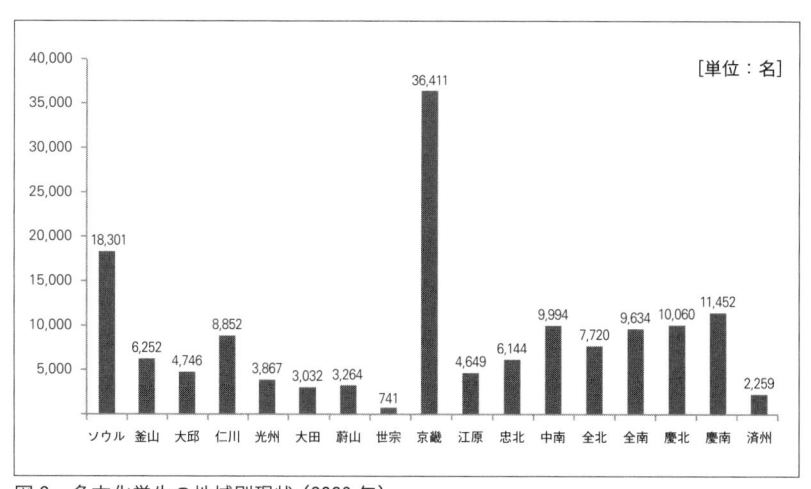

図 2　多文化学生の地域別現状（2020 年）
https://www.moe.go.kr/boardCnts/viewRenew.do?boardID=294&lev=0&statusYN=W&s=moe&m=020402&opType=N&boardSeq=81682

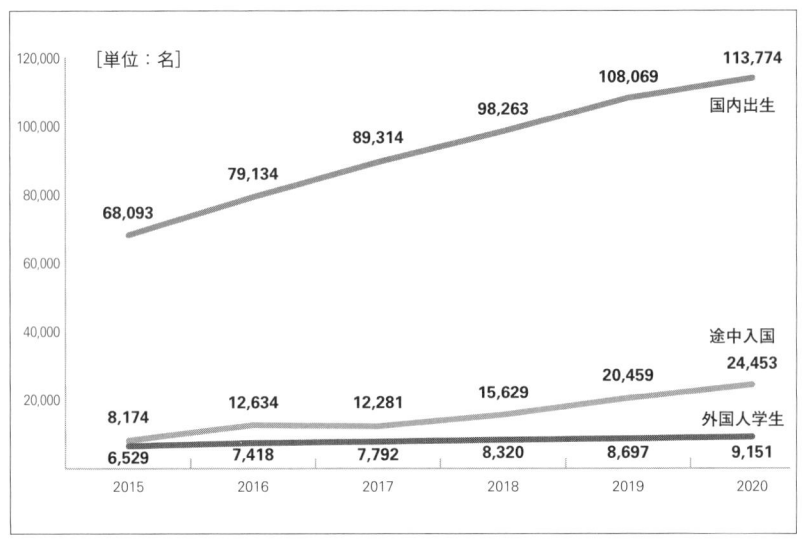

図3　多文化学生の類型別推移
https://www.moe.go.kr/boardCnts/viewRenew.do?boardID=294&lev=0&statusYN=W&s=
moe&m=020402&opType=N&boardSeq=81682

　多文化家族の子どもたちは、韓国語と外国語（配偶者の母国語）の両方を
学ぶことが多く、多文化学生のいる学校では、韓国語教育とともに、異文化
の理解を深めるための教育も行われている。その反面、多文化家族は、韓国
社会で時折差別や偏見の対象となることがある。特に外国人配偶者やその子
どもたちが社会的に受け入れられるための努力が必要である。

　このような現状を踏まえ、多文化学生のみならず多文化家族への支援につ
いては早急な対応が必要な問題であり、キム（2012）では、多文化家族の韓
国語教育の重要性と課題について述べている。それらを要約すると、多文化
家族の韓国語教育を効果的に進めるためには、効果的な運営体制を整え、優
れた韓国語教師が良質な教材を活用して体系的で楽しい教育を行うことが必
要であって、特に「韓国語学習者」としての多文化家族構成員の特性を理解
し、それに基づいてカスタマイズされた教育内容を提供することが重要であ
るということである。そして、女性結婚移民者への韓国語教育のために、教
材の整備や教師養成は一定の基盤が整ったものの、今後は既存の教材を現場

で有効に活用し、優秀な教師を育成し、定期的な再教育を行うことが主な課題であると訴えている。また、韓国に最近入国した多文化家族のためには、韓国語が流暢で韓国文化に慣れた同国籍の女性結婚移民者を現場に投入し、経験を活かしたメンタリングを行うことが推進されるべきだという。多文化家庭の子どもたちへの韓国語教育のために、政府は教育課程の設計、教材の開発、評価ツールの整備など積極的な取り組みを進めているが、さらに動的な教材、例えば、絵本を活用した韓国語学習教材、オンライン教材、ゲームを用いた教材、親子での学習教材などの開発と、学校における韓国語専任講師制度の導入が必要であるともいう。

　次節では韓国政府による多文化家族への支援、その中でも言語支援に焦点を当てて論じてみることにする。

3.　政府による多文化家族への言語政策

　言語政策は、国家が言語に関する方針を設定し、その実施を通じて国内の言語の使用や発展を促進する重要な役割を担っている。国語や公用語の制定、標準語の統一、普及、改革、管理などは、文化的アイデンティティや社会的一体感を形成する上で大きな役割を果たすとともに、少数民族語などの維持や管理に関する政策も重要で、これにより、多様性のある言語文化が保護され、共存が促進される。

　2008 年に制定された「多文化家族支援法」は、多文化家族構成員が安定した家族生活を営み、社会構成員としての役割と責任を果たすことができるようにし、これらの人々の生活の質の向上と社会統合に貢献することを目的とする法案である。女性家族省の長官は、多文化家族支援のために 5 年ごとに多文化家族政策に関する基本計画を策定しなければならない。また、多文化家族の現況および実態を把握し、その情報を基に策定に活用するため、3 年ごとにその実態調査を実施し、その結果を公表する義務がある。それゆえに、多文化家族の生活の質向上と社会統合に関する重要事項を審議・調整

するために、国務総理（首相）所管の多文化家族政策委員会が設置されている。

　国家および地方自治体は、結婚移民者などが韓国で生活するために必要な基本的情報を提供しており、利用者は社会適応教育および職業教育・訓練、言語コミュニケーション能力の向上のための韓国語教育など必要な支援を受けることができる。また、多文化家族内の家庭内暴力を防止するために努力し、家庭内暴力によって被害を受けた結婚移民者には、「多文化家族支援法」に基づき、相談所や保護施設の利用と通訳付きの法律・行政サービスも提供される。さらに、結婚移民者などが健康に生活できるように、栄養・健康に関する教育、産前・産後の支援、健康診断などの医療サービスを支援し、医療サービス提供時には外国語通訳サービスも提供している。そのほか、多文化家族構成員である子ども・青少年が学校生活に迅速に適応できるように教育支援策を講じるとともに、構成員の言語発達のために韓国語および結婚移民者などの父母の母国語教育のための教材支援や学習支援など、言語能力向上に必要な支援を行っている。

　韓国の行政機関の中で、多文化家族への政策などを実施する省庁は以下である。

- 女性家族省（Ministry of Gender Equality & Family）
  ：多文化家族への支援が中心
- 教育省（Ministry of Education）：多文化学生への支援が中心
- 法務省（Ministry of Justice）：出入国情報提供
- 文化体育観光省（Ministry of Culture, Sports and Tourism）
  ：韓国語教育関連協業

　韓国においては、多文化家族の増加に伴い、多文化家族への言語支援計画が重視されるようになり、2008 年「多文化家族支援法」の制定を機に政府主導で基本計画を樹立するようになる。女性家族省は 2010 年から 3 〜 5 年にわたる計画を立てており、教育省は毎年多文化学生への教育支援計画を立てている（99 頁参照）。

　政府主導の支援政策が行われた背景として、政府機関・地方自治体ごとに

多様な政策が実施されているものの、役割分担を通した体系的接続が必要で
あったこと、また、重複事業の予算浪費・地域間サービスの差などを挙げる
ことができる。そして、中長期計画への支援対策と一般国民の多文化理解と
認識改善が必要であることも背景の一つとして指摘できる。推進計画として
は、韓国語教育プログラムの連携、教育資料の開発、訪問・オンライン教育
の活用と統合情報サービスの提供を通した結婚移民者に対する韓国語教育お
よびコミュニケーション支援の強化と教育課程・プログラムの開発、段階別
教育資料の開発・普及、言語指導士の配置・訪問教育の拡大による子どもの
言語発達の支援事業と拠点学校の指定、多文化学生へのメンタリング事業、
二重言語教育の活性化のようなグローバル人材育成のための教育支援の強化
がある。

　特に女性家族省は、全国に 200 以上の多文化家族支援センターを設置し、
これらの人々に韓国語と韓国文化を教育している。韓国語教育の目的は、結
婚移民者が韓国での生活に容易に適応できるようにするために体系的な韓国
語教育を提供し、安定した初期定住をサポートし、多文化家庭内でのコミュ
ニケーションを促進し、家族内の対立や困難を解決することである。また、
レベル別の韓国語教育を通じて、結婚移民者の能力を強化し、韓国社会への
適応を支援し、社会的な活動への参加をサポートしている。

　女性家族省と教育省を中心に多文化家族への言語政策について抜粋し、そ
の変化をみてみる。

　女性家族省による「第 1 次多文化家族基本計画」（2010 ～ 2012 年）では、
結婚移住女性向けの韓国語教育と入国前の現地教育の強化、通訳・翻訳の支
援、多文化家族の子ども向けの言語発達教育と学校教育支援が中心に行われ
た。

　その後、「第 2 次多文化家族基本計画」（2013 ～ 2017 年）では、多文化学
生向けの韓国語能力向上プログラムの共有と韓国語教育課程の運営、学校
生活の初期適応をサポートするための小学校入学前プログラムの開発・普
及、予備学校の数の増加、レインボースクール [5]（多文化学生への教育支援
学校）、基礎学力の向上と進学指導の強化、そして、学校での多文化理解の

再考などが基本計画として盛り込まれた。第 2 次基本計画では、政府機関の間で業務分担が行われていたのも特徴的であった。多文化学生への韓国語能力の向上のため、韓国語教育プログラムの共有は文化体育観光省が、韓国語教育課程の運営は教育省が担当したのがその例である。なお、小学校入学前のプログラムの開発・普及は女性家族省と文化体育観光省が協力し、予備学校の運営の拡大は教育省が、レインボースクールの設置と運営は女性家族省が担当した。

　「第 3 次多文化家族基本計画」（2018 ～ 2022 年）では、今までの初期適応中心の政策から長期定着化に向けた政策への転換が行われた。そして、多文化受容のための社会文化的接近と結婚移民者向けの韓国語教育の専門性強化と多国語資格検定試験を実施したほか、多文化家族の子ども向けの二重言語人材育成と基礎学習能力強化のための大学生メンタリング支援、韓国語教育の運営の質的レベル再考と学校生活の初期適応をサポートするための多文化予備学校の拡大などが含まれていた。その中で注目すべき点は、韓国語教育の専門性の強化は文化体育観光省と女性家族省が、多国語資格検定試験の実施は女性家族省と雇用労働省が担当し、多文化家族の子どもへの二重言語人材の育成・基礎学習能力の強化のための大学生メンタリング支援・韓国語教育の運営の質的レベルの再考は女性家族省と教育省が、学校生活の初期適応への支援のための多文化予備学校の拡大は教育省が担当したことである。

　一方、教育省による「多文化学生への教育支援計画」は、単年計画として立てられている。2015 年度の多文化学生への教育支援計画では、統合的言語教育プログラムとして 30 園を選定し、多文化幼稚園を試験運営することにした。また、中途入国した外国人学生が韓国語・韓国文化教育を集中的に履修できる予備学校を 2014 年 80 校から 2015 年 100 校まで増やすことにした。さらに、ニーズに合わせた韓国語教育の推進のために、韓国語教育課程の修正、教材普及、教科（国語、社会）の副教材の開発も行う。韓国語教育課程の告示は教育省が行い、教材開発は文化体育観光省が主となり、講師の養成・再教育は教育省、女性家族省、文化体育観光省とが協調するなど、韓国語教育の協議体として運営する内容となっていた。

　2016 年度の多文化学生への教育支援計画は、さらに多文化幼稚園を 5 地域 30 園から 12 地域 60 園まで拡大し、一般児童と一緒に教育されること、中途入国した外国人学生が韓国語・韓国文化教育を集中的に履修できる予備学校も 100 校から 110 校まで拡大した。そのほかにも、遠距離などを理由に入校できない多文化学生を対象に「訪れる予備学校」の運営や韓国語教育課程の改定告示の推進、国立国語院と「標準韓国語」教材開発を推進することで韓国語教育課程の改定に着手している。

　2017 年度の多文化学生への教育支援計画では、12 地域 60 園から 17 地域 90 園まで多文化幼稚園を拡大したことやその運営マニュアルを開発・普及したこと、中途入国した外国人学生が韓国語・韓国文化教育を集中的に履修できる予備学校を拡大した（110 校→ 160 校）ことや法務省との情報連携により公教育の案内を可能にしたことが注目される。前年度までと異なる点は、韓国外国語大学との提携を通して、母語を活用した韓国語・基礎学習を支援、保護者に通訳支援などが含まれたメンタリングプログラムを展開したことや、イギリスの子ども・学校・家族省の『New Arrivals Excellence Programme Guidance』、日本の文部科学省の『外国人児童生徒受入れの手引き』を参考にし、編入学の教育支援のマニュアルを開発したことである。

　ちなみに、2017 年度の韓国語教育課程の改定案をみると、教育対象が多文化を背景に持つ学生から韓国語コミュニケーション能力の育成が必要な学生に変わったり、「文化意識と態度」の領域を具体化し教育内容に追加したりしたことが指摘できる。また、到達目標、学習方法、言語材料を全面改変することで学習韓国語を「学習道具韓国語」と「教科適応韓国語」に細分化していることも挙げられる。

　2018 年度の多文化学生への教育支援計画は、全学生数の減少（毎年 18 万人減）と多文化学生の増加（毎年 1 万人増）を考慮したものになっている。多文化学生は 2012 年 46,954 人（全体の 0.7%）から 2017 年 109,387 人（全体の 1.9%）まで増え、中途入国した外国人学生も 2012 年 6,914 人から 2017 年 20,073 人まで伸びており、中途入国した外国人学生の出身国は、中国・韓国系中国（33.6%）、ベトナム（26.5%）がおおよそ 6 割を占めるに至った。

2018 年度は多文化幼稚園を 90 園から 100 園に、予備学校を 160 校から 162 校に増やすとともに、大学生のメンタリングプログラムを全国に拡大することが骨子であった。なお、その中には、新たに多文化重点学校を 200 校程度運営することや架け橋学校の設置、多文化教育教師の研究会の運営なども含まれていた。

　2019 年度の多文化学生への教育支援計画は、特別クラスである韓国語クラスを設置し、韓国語・韓国文化の集中教育を支援するなど、韓国語クラスを通した韓国語教育の実施と、小・中学校入学前の試験校を運営する架け橋課程の支援になった。また、新たに大学へ多文化教育関連の講座開設を誘導するなど教職科目に多文化教育（多文化学生指導）の内容を追加することや多文化教育の経歴を持つ教員 80 人で「多文化教育中央支援団」を構成し、多文化教育支援の充実を図った。そして、中央多文化教育センターの設置や多文化教育ポータルサイト [6] の改変、地域多文化教育センターを拡充した（2018 年 14 ヵ所 → 2019 年 17 ヵ所）ことである。

　次節では、キョンギ（京畿）道アンサン（安山）市のソンイル（仙一）小学校を例にし、言語教育の実態調査の結果を報告することとする。

4.　韓国内高麗人への言語教育

　高麗人とは、旧ソ連諸国の高麗人であり、19 世紀に朝鮮半島の農民らがロシア沿海州に移住したが、当時のソ連最高指導者スターリンは日本のスパイになると警戒し、1937 年に 17 万人を中央アジアに強制移住させた。今も旧ソ連諸国などに 50 万人が暮らしており、英語では「コリアン」（Korean）、ロシア語では「カリェーエツ」（Корейцы（Koreyts'））とも呼ばれており、ロシアに住む高麗人の多くは、ロシア語を第一言語として使用しているが、家庭内やコミュニティ内では韓国語も少し使用されることもあるという。また文化についても、朝鮮半島の伝統的な文化とロシアの影響を受けたハイブリッドな特徴を持っている。

　法務省の出入国統計によると、2020 年 4 月現在、韓国国内の高麗人は85,072 人が居住しており、その中で 16,519 人が京畿道安山市に暮らしている。高麗人の中で、子どもと一緒に生活している人は 72.5％で、子どもとはロシア語で話す人は 92.5％ に達している。ちなみに、韓国に居住するほかの外国人は 48％ が子どもとのコミュニケーションに韓国語を使用する。高麗人への調査によると、高麗人の子どもに韓国語教育が必要と思う人が79.95％ である[7]。

　ソンイル（仙一）小学校は、多文化学生が 75％にも達しており、多文化学生（高麗人）に対する韓国語教育や二重言語教育が行われている。

写真 1　ソンイル（仙一）小学校の正門（2023 年）

　写真 1 にある入学を祝う横断幕には韓国語のハングルの下にロシア語のキリル文字も書いてある。また、写真 2 のように入学式案内の学校からのおたよりにも韓国語とロシア語が用いられている。

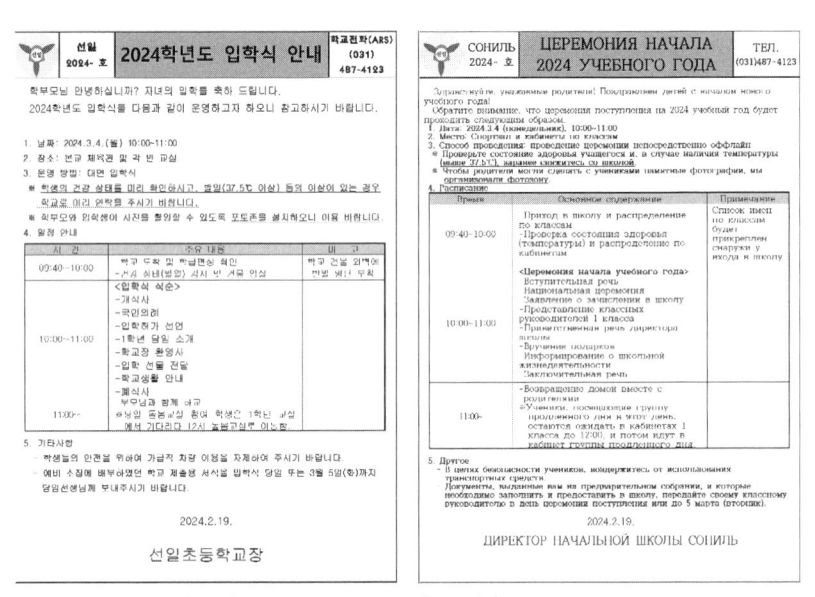

写真 2　ソンイル（仙一）小学校のおたより（2024 年）

　2024 年 3 月に調査したソンイル小学校の副校長の話によると、韓国語の
教育には、標準韓国語テキストと教員が制作したテキストを併せて使用して
いる。その理由としては、入学する多文化学生の韓国語レベルにばらつきが
大きく、韓国へ入国したばかりの学生も相当いるということである。入国し
たばかりの多文化学生の場合は、韓国語でコミュニケーションが全くできな
いため、学校からのおたよりも二言語で作成するなど、様々な工夫をしてい
る。

　ソンイル小学校では、二重言語の集中教育も実施している。その目的とし
ては、多文化学生の強みであるバイリンガル能力の強化による進路選択の場
を広げること、母国語の深化活動の授業を通じて、言語学習の骨組みを整え
ること、お互いの文化を尊重し受容する態度を育成することが挙げられる。

　そのために、二重言語教育プログラムの運用に多文化言語講師、ネイティ
ブロシア語補助教師を活用し、1 〜 3 年生にはロシア語の会話教育を行い、
4 〜 6 年生は、母国語を中心に 2 つのグループに分け、母国語活用能力に合

わせた言語深化教育を行っている。将来的には、全学生を対象とした母国語授業を通じて、多文化学生の強みであるバイリンガルのコミュニケーション能力を向上させ、非ロシア語圏の学生の韓国語学習成果を向上させることや日常生活の中で様々な二重言語教育の機会を提供するなど、多様な言語教育の機会を提供すること、相互言語習得過程を通じて、多文化に対する感受性を育成し、世界市民としての能力を強化することを期待しているという。

　表 3 はソンイル小学校に在学中の高麗人学生の数を表している。

表 3　学年別高麗人学生（2024 年）

	1 年生	2 年生	3 年生	4 年生	5 年生	6 年生	合計
男	14	15	11	12	21	17	90
女	15	19	22	21	31	27	135
合計	29	34	33	33	52	44	225

　ソンイル小学校には、1 年生は 70 人、2 年生は 80 人、3 年生は 71 人、4 年生は 58 人、5 年生は 82 人、6 年生は 82 人在学しており、全在校生 443 人の内、高麗人学生が 224 人（約 50%）である。また、学年ごとに 4 クラス（3・4 年は 3 クラス）があるが、特殊クラス・特別クラスも入れると、全体で 28 クラスある[8]。多文化特別・韓国語クラスでは、主に韓国語教育がなされており、クラスの高麗人学生数は表 4 のようになる。

表 4　多文化特別・韓国語クラスの高麗人学生（2024 年）

	1 年生	2 年生	3 年生	4 年生	5 年生	6 年生	合計
男	13	13	5	4	5	7	47
女	15	15	5	7	9	8	59
合計	28	28	10	11	14	15	106

　表 4 をみると、進級につれ、多文化特別・韓国語クラスの高麗人学生が減っていくことがわかる。高麗人学生に対する韓国語授業は週 11 〜 12 コ

マ（1 コマ当たり 40 分）行われ、韓国語教育教員は週 21 〜 22 コマを担当している。また、ソンイル小学校の韓国語教育担当教員は 5 人、放課後の韓国語講師[9] は 3 人が働いている現状である。

5.　おわりに

　多文化家族への言語教育は、彼らが社会の一員になることで人口減少社会に突入した現在から脱皮する現実的な打開策になると考えられる。また、移住者が地域の一員として積極的に活動し、地元住民と協力して地域の課題に取り組むことで、地域社会の活性化が促進される。異なる文化や経験を持つ人々が協力して地域の魅力や資源を活かすことで、地域全体の発展が促進される。そして、移住者を含む多文化家族の母国語使用能力を活用する政策や地元住民に対する外国語教育の強化など、相互の文化を尊重する社会的雰囲気を醸成することは、移住者が地域の一員として積極的に参加し、地域社会に貢献するために非常に重要である。移住者が自身の母国語や文化を活用できる環境が整うことで、彼らの能力や才能がより活かされる。これにより、地域全体の多様性と創造性が促進されるとともに、移住者にもこれからの生活に対する安心感を与えることができるだろう。無論、そのためには、地元住民の異文化受容の意識向上のため、外国語教育の強化や相互の文化を尊重する社会的雰囲気を作ることが大事である。これにより、移住者と地元住民が共に働き、学び、交流することで、豊かな多文化共生社会が実現し、持続可能な地域社会の構築が進むと思われる。また、移住者の母国語使用能力を活用するための政策や地元住民に対する外国語教育の強化など相互の文化を尊重する社会的雰囲気の醸成により、移住者が地域の一員として活発に活動できる言語教育が必要になる。このことは、地元住民の異文化受容に対する意識向上や移住者の能力が発揮できる場が広がるきっかけになるだろう。

　政府主導の政策立案から 15 年が過ぎた韓国における多文化家族への言語教育については、地域別特性を活かしたプログラムの設置なども求められ

る[10]。また、多くの多文化学生が韓国語に対して困難を抱え、学業に支障を来している現状がみられるのも事実である。大学進学率が76%に達しているが、多文化学生の大学進学率は40.5%にとどまることもその証拠と言える。

しかし、少子化による労働力の確保と社会の発展を考慮すると、多文化家族をはじめとする定住者の確保は非常に重要である。そのためには、多文化学生への言語教育だけではなく、移住者である親世代の出身国を理解する教育も必要である。

韓国のほかの地域で行われる言語教育の実態調査、そして日本との比較を通した改善方法、言語教育政策のアップデート調査については、今後の課題としたい。

注

1） 社会的に「多文化家庭」という用語も広く使われている。

2） 韓国の行政機関の「部」は、日本の「省」に該当する。本稿では「部」を「省」に置き換える。

3） https://www.ipss.go.jp/pp-zenkoku/j/zenkoku2023/pp_zenkoku2023.asp

4） 韓国人学生と多文化学生の授業を分離することをめぐって、投票まで検討されたという記事もある。

https://n.news.naver.com/article/023/0003837056?cds=news_edit

5） レインボースクールは、入国初期に必要な韓国語教育をレベル別に年間200 〜 400時間提供している。なお、進路探索時間を設け、年間60 〜 100時間を教育するほか、資格取得などの社会適応プログラムもサポートしている。

6） https://www.danurischool.kr

7） アンサン市高麗人文化センターは、高麗人住民のための韓国語教育・相談、文化・体育イベント、高麗人の子どもへの教育・保育支援、相互理解のための韓国人との交流などを行っている。

https://www.koreansan.org

8） https://seonil-e.goeas.kr/seonil-e/main.do

9）　ソンイル小学校の放課後の韓国語講師の採用条件は、韓国語教員資格の所持が必須であり、週15時間未満勤務、給料は1時間当たり27,000ウォン（約3,000円）である。

10）　キム・ソンジョン、カン・ヒョンジャ 2019

参考文献

イム・ヨンサン，ファン・ヨンサム 2017『ソ連解体後の高麗人社会の変化と韓民族』韓国外国語大学校出版部

カルヴェ・ルイ＝ジャン 2000『言語政策とは何か』西山教行（訳），白水社

キム・ソンジョン 2012「The present state and outcomes of korean language education for multicultural family members（多文化家庭対象の韓国語教育の現況と成果）」『比較文化研究』29巻, pp. 367–389, 慶熙大學校比較文化研究所

キム・ソンジョン，カン・ヒョンジャ 2019「A needs analysis on coordinators of korean language and culture education programs for marriage immigrants: focusing on coordinators working in multicultural family support center（結婚移民者のための韓国語文化教育プログラム担当者を対象とした要求分析の研究：多文化家族支援センターの運営陣を対象に）」『教育文化研究』25巻2号, pp. 857–876, 仁荷大學校教育研究所

西原鈴子 2010「日本の言語政策の転換」田尻英三，大津由紀雄（編）『言語政策を問う！』pp. 33–49, ひつじ書房

パク・ジュヨン 2011「The problems and the improving ways of the multicultural families support policy in terms of korean language education（韓国語教育関連多文化家族への支援事業の問題点と改善方案）」『韓国語教育』22巻2号, pp. 161–186, 国際韓国語教育学会

安田敏明 2010「日本語政策史から見た言語政策の問題点」田尻英三，大津由紀雄（編）『言語政策を問う！』pp. 133–147, ひつじ書房

Sridhar, K. K. 1995 *Societal multilingualism, Sociolinguistics and Language Teaching*, Cambridge University Press, Cambridge, pp. 47–70

関連 WEB サイト

アンサン市高麗人文化センター：https://www.koreansan.org

教育省：https://www.moe.go.kr

キョンギ道教育庁：https://www.goe.go.kr/

女性家族省：http://www.mogef.go.kr

ソウル市教育庁：https://www.sen.go.kr

ソンイル小学校：https://seonil-e.goeas.kr/seonil-e/main.do

タヌリベウムト：https://www.danurischool.kr

統計庁：https://kostat.go.kr

文化体育観光省：https://www.mcst.go.kr

法務省：http://www.moj.go.kr

コラム 2

港町神戸

―多文化モザイクそぞろ歩き―

鈴木幸子

I. 神戸多文化ツアー

　神戸は山々と海に抱かれた風光明媚な町である。
神戸港の入り口には「Welcome Board」が設置され
ており、多言語で歓迎を表している。神戸を訪れる
外国人観光客はクルーズで寄港するケースが多い。船が到着すると、港では
下船する人々をワクワクする音楽や華やかな踊りで迎える。多様な文化背景
を持つ観光客は個々に街を散策したり、半日ツアーに乗って神戸の歴史や文
化を学んだりしながらデイトリップを楽しむ。外国人に人気の The 4-Hour
Multicultural Kobe Walking Tour with Genuine Kobe Beef では、歴史ある国際
都市神戸ならではの景観を創り出しているセント・マイケルズ教会、神戸モ
スク、北野天満神社など世界のさまざまな宗教施設が共存している北野周辺
を散策し、山手八番館、坂の上の異人館などの歴史的建造物について学び、
日本酒の利き酒体験、神戸牛の食事を堪能できる。北野エリアは、神戸が
1868 年に開港されて以来、外国人貿易商達が居留地から眺望の良い山手に
移り住んで発展した場所であり、そこここに残る洋館がエキゾチックな雰囲
気を醸し出している。
　また、神戸は平清盛が作った福原京のあった土地でもあるので、古都ゆか
りの史跡や生田神社、湊川神社、北野天満神社、三宮神社、本願寺神戸別院

など多くの日本の宗教施設も見どころである。文化背景の異なる外国人が多く住んでいるにもかかわらず、多言語の案内板は少ないが、各宗教施設では民族の言葉、例えばアラビア語やロシア語で名前が記され（写真1、2）、日本語が付してある。店舗などではアルファベットによる表記が多く使われているが、これは異国らしさを印象付けるという言語景観のシンボリック機能—装飾的な外国語使用[1]—の表れである。

写真1

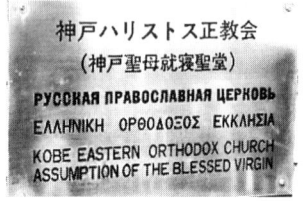
写真2

2.　多文化モザイク

　神戸は豊かな観光資源に恵まれた観光都市という顔だけでなく、多文化が交差する場所という顔もある。多文化社会を象徴する言葉に、Melting Pot、Multicultural Society、そして Cultural Mosaic などがあるが、神戸は「多文化モザイク」の街である。神戸市在留外国人の人口を構成しているのは中国、韓国をはじめ、ベトナム、フィリピン、ネパール、インド、アメリカなどで、多様性に富んだ地域の文化背景を持つ人々がモザイクのピースとなり街を形成している。神戸開港の時代から神戸に根を下ろした華僑の人々は、中華コミュニティである南京町にまとまって居住しているわけではなく、中央区の北地域に多く住んでいる。華僑社会のイデオロギーを体現する重要な施設は市内のいたるところに設置されており、関帝廟は南京町から離れた下山手にあるし、中国にルーツを持つ人々のための墓所である中華義荘は長田区にある。中華系の人々が一つの街を形成し助け合って暮らす他の華僑コミュニティとは異なるのが神戸の特徴でもある。

　令和 5 年度の統計[2] によると、市内在住外国人人口が最も多いのは中央区で、中央区役所の案内デスクに設置されている建物内部の案内板の概要箇所には日本語、英語、中国語、韓国語の表示が記載されており、職務については日本語と英語で示され、在住外国人の便宜を図っている。2 階の外国人相談窓口では、必要に応じて多言語に対応する通訳システムが構築されている（写真 3、4）。神戸に存在しているエスニックコミュニティは、中央区を中心とした行政と連携し、お互いを知るためのイベント等を運営している（写真 5）。特に最も大きい華僑コミュニティの活動は盛んで、地域の再構築の過程で生み出された地域無形民俗文化財の神戸南京町春節祭をはじめとするさまざまな行事を実施し、地域の人々ともコミュニケーションを取りつつ神戸の文化モザイクをつなぐ役目を果たしている。

写真 3（2021）

写真 4（2021）

写真 5（2021）

写真 6（2022）

写真 7（2022）

3. 多文化共存・共生モデル地区—長田区

　長田区には令和5年度の時点で韓国系住民が3,568人、次に多いのがベトナム系住民で1,596人が登録されている。長田区役所や西市民病院への誘導サインにはルビが付された漢字名に加えて英語、中国語、韓国語とベトナム語が併記されている（写真6、7）。街の中心街にはベトナム料理店が数多くあり、ベトナム人移民の生活基盤となっている。また心の寄りどころである和楽寺[3]も建立されている。約40年前難民として日本にやって来た多くのベトナム人は姫路市の生活訓練施設でしばらく過ごした後、神戸の長田区に移住し、地場産業であったケミカルシューズ産業に従事していた。その後、日本政府に認められ呼び寄せた家族も増加し、長田区を特色づけていった。

　NTT Communications が3年前より実施している「KOEL の未来のあるべき姿を考えるビジョンデザイン・プロジェクト」[4]では、2024年に「多彩な文化のむすびかた」というテーマで長田区のベトナムコミュニティを取り上げ、共存・共生について考える機会を提供している。長田区でフィールドワークを行い、共存・共生には段階があると気づいた。

　レベル1と2は共存—お互い静かに暮らせる関係、そしてレベル3から5までを共生—お互いに協力する、と考え、日本の多文化共生の事例にはレベル1から3が多いことを指摘した[5]。レベル4を乗り越えるための事例として、長田地域に暮らすベトナム人が運営する野菜畑が挙げられており、「育てた野菜のお裾分けを通しての近隣住民との日常的な交流が生まれている」としている。この菜園の前の立て看板には日本語で「多文化共生ガーデン」と記載されており、その下に日本語とベトナム語でこの菜園のできた経緯が書かれている。この看板を見るだけでも Leve1の「違うということを知る」ことにつながるのではないだろうか。生産人口が減少している日本は海外から流入してくる人々を必要としている。そのような人々と共存・共生していくためにはどうすればよいかを模索する長田区のチャレンジを見にそぞろ歩きをしてみてはどうだろうか。

多文化共生の5段階レベル	
Level 1	違うということを知る
Level 2	暮らしで関わりを持つ
Level 3	一緒にやることがある
Level 4	与えあえる関係性をつくる
Level 5	決定に参加できる

（KOEL　5/5 神戸市長田区から見えてきた「多文化共生のレベル」より）

注

1）　庄司博、P. バックハウス、F. クルマス（編著）（2009）『日本の言語景観』三元社

2）　県内在留外国人（市区町別人員数）R0512 末（https://web.pref.hyogo.lg.jp）（2024 年 8 月 3 日閲覧）

3）　在日ベトナム人の「第 2 の家」　元留学生の住職　神戸・和楽寺 ｜ 毎日新聞（mainichi.jp）（2024 年 8 月 3 日閲覧）

4）　少子高齢化社会の未来にある「多文化共生」とは？―共創プロジェクト「多彩な文化のむすびかた」（1）｜ KOEL DESIGN STUDIO by NTT Communications（note.com）（2024 年 8 月 4 日閲覧）

5）　神戸市長田区から見えてきた「多文化共生のレベル」とは―共創プロジェクト「多彩な文化のむすびかた」（5）｜ KOEL DESIGN STUDIO by NTT Communications（note.com）（2024 年 8 月 5 日閲覧）

第3部

教育・学習をめぐる
言語景観と環境を考える

第5章

ロシア語の言語景観

—戦争・多文化共生・言語教育の観点から—

小林　潔

要旨

　ロシア語は表記にキリル文字を用い、ウクライナ語もそうである。現況では
ロシアとウクライナを切り離して考えることはできない。文字の異同を見ること
で両言語に言及する。その上で、日本の多言語対応政策とそこでのロシア語の位
置づけを確認し、ロシア語が表記される場面の幾つかを、施設特性や地域特性の
観点及び共生の観点から取り上げる。北海道、東京、横浜の事例の他、交通機関
での多言語表示、ヘイトの対象になったロシア語表記を示す。事例を通して、ロ
シア語表記はロシア語話者への情報提供という点で実用的でもあるが、それ以上
に、ロシアとの繋がりを示すシンボル的な機能を持つことを主張する。ウクライ
ナとの関わりも問題になる。ロシアに関わる諸問題や多文化共生を考える上での
材料を提供し、言語教育での言語景観の使用や言語教育と切り離せない世界の中
でのありかたや時代背景の考察につなげる。

キーワード

　キリル文字、ロシア語、ウクライナ語、多文化共生、言語教育

1.　はじめに

　現在の日本においてロシア語の言語景観 (「公共空間で目にする書き言葉」(庄司、バックハウス、クルマス 2009: 9) は、日本語や英語、中国語、韓国語のそれとは違い目立たない。分析に必要なほどの資料を集めることも難しい。とはいえ、ロシア語は日本において無視できる存在ではなく、その言語景観も一定のアクチュアリティを持つ。本稿はロシア語の言語景観の一例を提示し、これをもって、ロシアに関わる諸問題や多文化共生を考える上での材料を提供したい。また、言語教育での言語景観の使用や、言語の世界の中でのありかたや時代背景の考察につなげたい。これらはいずれも言語教育と切り離せない。なおロシア語は、ウクライナ語とベラルーシ語とともに印欧語族スラヴ語派東スラヴ語群に属す。いずれもキリル文字を表記に用いる言語である。ウクライナとロシアとの戦争が続く現況にあっては、ロシアやロシア語を語る際にもウクライナ語を意識せざるをえない。ウクライナ語にも言及する。

2.　キリル文字—ロシア語とウクライナ語

　ロシア語はキリル文字というアルファベットを表記に用いる。アルファベットとは、いわゆる音素文字であり、一つ一つの字 (字母) が原則として一つの音 (音素) をあらわすものであり、キリル文字もラテン文字 (ローマ字) やギリシア文字と同じくアルファベットである。とはいえアルファベット＝ラテン文字という固定観念は強く、初学者から「ロシア語はアルファベットではないので、学びにくい」などと聞くことはある。

　一方で、キリル文字はロシア語だけのアルファベットではない。ウクライナはロシアと戦争状態にあるが、ウクライナ語でもキリル文字を用いる。また、旧ソ連の諸言語で使われてきたし (今ではラテン文字への置き換えが進

んでいる）、モンゴル人民共和国でのモンゴル語表記は今でもキリル文字に
つながる表記体系である（2025 年 1 月より公的にモンゴル文字と併用）。

　キリル文字を用いる諸言語の中でロシア語が日本ではメジャーであるため
キリル文字＝ロシア語という等号が成立していた。その証左の一つとなりう
るのが「ロシア文字」なる言い方である。例えば、英語はラテン文字を用い
ると言う他はなく、ブリテン文字を用いるなどとは言いようもないのと同
様、ロシア語は表記にキリル文字を用いるとなろうが、既に 1898〔明治 31〕
年、グレーボフ、岩沢（1898）[1] で「露西亜文字」なる用語が用いられてい
るし、近年の教科書（沼野、匹田、前田、ダフコワ 2013）でも「ロシア文字」
なる用語を採用している。ロシア文字という言い方に正当性を見るとすれ
ば、「キリル文字のうちロシア語で用いる字のセット」を「ロシア文字」と
呼ぶということで [2]、小林（2016）もその立場である。もちろんそうであれ
ば「ウクライナ文字」「ブルガリア文字」といった言い方も認めることにな
る。

　ロシア語とウクライナ語 [3] は音素も違うが、文字の点で対照すると、字母
数は 33 と同数（大文字と小文字がある）、字母に異同がある。すなわち、キ
リル文字の 45 あるとされる字母（小林 2010: 39）のうち
　現代ロシア語の字母は、
Аа, Бб, Вв, Гг, Дд, Ее, Ёё, Жж, Зз, Ии, Йй, Кк, Лл, Мм, Нн, Оо, Пп, Рр, Сс,
Тт, Уу, Фф, Хх, Цц, Чч, Шш, Щщ, Ъъ, Ыы, Ьь, Ээ, Юю, Яя.
　ウクライナ語の字母は、
Аа, Бб, Вв, Гг, Ґґ, Дд, Ее, Єє, Жж, Зз, Ии, Іі, Її, Йй, Кк, Лл, Мм, Нн, Оо, Пп,
Рр, Сс,Тт, Уу, Фф, Хх, Цц, Чч, Шш, Щщ, Ьь, Юю, Яя.
であり、異同は、黒田（1995: 73）によれば

1)　г, е, и はウクライナ語でも現代ロシア語でも使われる文字だが、その
　　表す音は全く違う。
2)　г, і, ї, є はウクライナ語では使われるが、現代ロシア語では使われな
　　い文字である。

3）　ы, э, ъ, ё はウクライナ語では使われない文字である。（句読点改変）

　容易に想像がつくように2）の「ウクライナ語では使われるが、現代ロシア語では使われない文字」が、戦時下にあって敵国の文字との差異を強調すべく取り上げられる。ウクライナにとっては特にïであり、ウクライナを意味するウクライナ単語 Україна にも含まれることから当該字母の銅像なども生まれ、抵抗のシンボルとなっている（写真 1）。そもそも「ソ連邦時代には1920 年代の一時期を除くと、ウクライナ語を用いることは反革命的行為とみなされて、社会生活上著しく不利益をこうむり、公には使用が困難であった。」[4] Ґ の字の使用が分離主義を主張するものとしてソ連時代は流刑につながったというのも仄聞するところである。

写真 1　ネットニュース例　「ウクライナの字母 "Ï" はマリウポリの抵抗のシンボルになった」（2022 年 9 月 6 日）[5]

3.　日本政府の多言語対応政策と隣語としてのロシア語

　国土交通省観光庁は、2014〔平成 26〕年 3 月に『観光立国実現に向けた多言語対応の改善・強化のためのガイドライン』[6] を発出し、「多言語対応の方

向性」と「多言語対応の実現に向けて」なる方策を示している。これは、観光庁のウェブサイト内「観光地域における案内表示等の充実」[7]にて本稿執筆時も有効（「最終更新日：2024 年 3 月 22 日」とある）で、言語景観に直につながる指針である。

　ここでは、「"多言語対応の対象となる情報"の種類」として

• 名称・標識・サイン・情報系

　「禁止・注意を促す」（タイプ A）及び

　「名称・案内・誘導・位置を示す」（タイプ B）、並びに

• 「展示物等の理解のために文章で解説をしている」（タイプ C）

を挙げ「対応する言語については、施設特性や地域特性の観点及び多言語対応の対象となる情報の種類により異なるものと考えられる」としている。

　基本ルールとしては、タイプ A では日本語と英語の「併記を行うことを基本とする」とし、タイプ B でも日本語と英語の「併記を行うことを基本とする」としている。タイプ C では日本語と英語の「表記を行うことが望ましい」としている。また、「外国人の来訪者数や誘致目標等、施設特性や地域特性の観点から、英語以外の表記の必要性が高い施設」では、どのタイプでも、日本語と英語の他に「中国語又は韓国語その他の必要とされる言語（例えば、タイ語、ロシア語等）を含めた表記を行うことが望ましい」。

　当該ガイドラインでは、「多言語での表記方法」「具体的な対訳語」として、英語、中国語（簡体字と繁体字があるが、例示は簡体字）、韓国語で例示されている。タイ語とロシア語は、例示はないものの、「その他の必要とされる言語」という取り扱いである。

　かつて鈴木孝夫は、標識等での日本語以外の使用について否定的な見解を示した。国の予算で外国語（ここでは英語）の交通標識を立てることは、日本の主権放棄の幇助だとしているのだ。「日本の中で日本語を法律や規則に使うというのは、国家主権に関わる問題であって」、法律の条項を外国語で表示するのはその「大変な自己否定」であり、「国家主権の放棄」だというのである（鈴木 1978: 261–262）。だが、法律の言語をどうするかと街の標識を何語で出すかとは違う話である。標識はもちろん各種の情報をロシア語で

出しても日本の主権放棄にはつながらない。

　現在の日本においてロシア語が言挙げされる理由だが、上述『ガイドライン』にはその種の説明はなされていない。ロシア語は、国連公用語（Official languages of the United Nations）英語、フランス語、ロシア語、中国語、スペイン語、アラビア語の6言語の一つであるが、それは理由ではなかろう。日本国内における在留ロシア人の存在もそれだけではロシア語使用の説明理由にならない。ロシア語は、旧ソ連の民族交流語（族際語）であって、今もなおロシア連邦だけの言語ではない。カザフスタン人、キルギスタン（クルグズスタン）人他の言語でもありうるし、イスラエル人のロシア語話者もいる。そしてウクライナ人の言語でもある（彼らのロシア語への態度、ロシア語による母語・母国語の抑圧と現在のロシア語離れについては、独立した考察がなされるべきであろう）。一方でロシア連邦内にもロシア語を母語としないものがいる。なお、2023年6月付けの在留外国人統計では、日本国内にロシア国籍者として11378人。これは、例えば、ドイツ国籍者の8066人よりは多いが、フランス国籍者の15054人より少ない。同程度のものとしてマレーシア人が11256人、カナダ人が11242人である。ウクライナ人は4212人である[8]。

　ロシア語を使う理由はロシア語が日本の「隣語」だから、とするのが良い。「隣語」とは、国際文化フォーラムによって「日本にとって隣国、隣人のことばである中国語と韓国語」を位置づけるべく提唱されたものであるが（水口 2013: 18）、隣国のことばであれば、北朝鮮やフィリピン、アメリカ合衆国そしてロシアのことばも入ってくる[9]。日本とロシアとの現時点での関係がどうであれ、ロシアが日本の隣国であることに変わりは無い。実際に、国際文化フォーラムが刊行している『外国語学習のめやす』には中国語韓国語と並んで、ロシア語教育用の『めやす』も用意されている（林田他 2016）[10]。

　NHKの国際放送にもロシア語放送がある。2024年度は音声放送で17言語（除日本語）：

　英語、アラビア語、ベンガル語、ビルマ語、中国語（簡体字）、フランス語、ヒンディー語、インドネシア語、ハングル、ペルシア語、ポルトガル

語、ロシア語、スペイン語、スワヒリ語、タイ語、ウルドゥー語、ベトナム語、である。

　自動翻訳機能を用いた字幕提供で、インドネシア語、スペイン語、中国語（簡体字）、ハングル、ベトナム語、ウクライナ語、タイ語、中国語（繁体字）、フランス語、ポルトガル語がある[11]。

　字幕提供を含めれば19言語（中国語2種、除日本語）。ウクライナ語は2024年時点では、字幕のみでの提供となっている（2022年度は音声放送あり）。

　加えて、NHKワールドJAPANスマートフォン向けアプリでは4言語（英語・中国語・ベトナム語・ポルトガル語）で、日本国内の地震・津波の情報／災害情報を通知している[12]。同「がいこくごの生活と防災の情報」サイトでは「言語別のニュースとその他の情報」として21言語、英語、アラビア語、ベンガル語、ビルマ語、中国語（簡体字）、中国語（繁体字）、フランス語、ヒンディー語、インドネシア語、ハングル、ペルシア語、ポルトガル語、ロシア語、スペイン語、スワヒリ語、タイ語、トルコ語、ウクライナ語、ウルドゥー語、ベトナム語、やさしい日本語での情報提供を行っている[13]。

　また、これはむしろ歴史的経緯にもよるが、NHKではロシア語講座も続けている。1956〔昭和31〕年からラジオでのロシア語講座放送が行われ[14]、2024年時点でも番組がある。テレビでは1973〔昭和48〕年から2022〔令和4〕年3月まで教育テレビで放送されていた[15]。

　日本弁護士連合会の活動も日本におけるロシア語の有様を見る上で示唆的である。当該連合会は「日本語を理解しない被疑者のために『被疑者ノートの外国版版がほしい』との声に応えて、『被疑者ノート』の外国語版を作成しています」とのことで15言語で『被疑者ノート』を公表している[16]。すなわち、日本語、英語、韓国語、中国語簡体字、ポルトガル語、ロシア語、スペイン語、ベトナム語、タイ語、タガログ語、モンゴル語、マレー語、インドネシア語、クメール語、ラオス語である。日本においてロシア語は犯罪というコミュニケーションの言語だと弁護士たちによって認識されているということである。上述観光庁『ガイドライン』で「その他の必要とされる言

語」として言及されていたタイ語も、ここに入る。なお、在留者の人数としてはロシア国籍者よりも多いフランス人の言語たるフランス語—そして、フランス語はフランスだけの言語ではない、フランコフォニーと呼ばれる広い圏域の言語でもある—は、含まれていない。

4.　ロシア語表記の場面

　ではロシア語が使われている場合、「その他の必要とされる言語」の「必要とされる」のはどのような場面であろうか。すなわち、「外国人の来訪者数や誘致目標等、施設特性や地域特性の観点から」ロシア語の「表記の必要性が高い」とみなしうる場面—施設なり場所なり掲示なりパンフレット—である。幾つかの具体例を示す。

4.1　施設特性や地域特性の観点から

　日本国内のロシア語表示については、ロシア語研究者・ロシア語教師にとっても意識されるところであった。北海道のロシア語教員たちが、道内のキリル文字表記の道路標識などを教材として用いることもあった[17]。

　ロシア語教育プロパーから日本におけるロシア語使用・表記（すなわち公共空間での書きことばであり、言語景観ということ）を論じた先駆的なものとして木村（2016）が挙げられる。北海道根室市の北海道立北方四島交流センター（通称ニ・ホ・ロ）内のロシア語掲示及び施設パンフレットのロシア語文章の問題点を指摘したものである。例えば、館内掲示「トイレはきれいに使いましょう！」の意で「トイレを汚さぬよう努めよ」と動詞 постараться/ postarat'sja「努力する」の 2 人称単数命令形を用いたロシア語が用いられていたが、木村はこれに否定的評価を下す。2 人称単数命令形は「やむにやまれぬ事情」があっての「上から目線」の「強力な命令口調」であり「逆効果」だとするのである。その上で彼は、「依頼 просьба/ pros'ba」という名詞を使った表現を提案している（木村 2016: 50–52）。こうした掲示

「日本人からロシア語話者に宛てたメッセージ発信」に関する木村の以下の
提案は今でも有効である。要約すると：

　　相手に多少の違和感を覚えさせることが予想されても、「気配りや遠
　慮」を感じ取ることの可能な表現に徹した方がよい。
　　日本の公共空間を舞台に設定して〔……〕実例を適当に配置した対話
　例文を考えるのがよい。
　　そうしたものは、むしろ学習過程で日ロ間の文化的非平行性を意識さ
　せるよい機会として、積極的に採り入れた方がより生産的である。

（木村 2016: 53）

筆者が 2023 年 9 月に現地で確認したところ、かかる掲示は日英語で

「トイレはきれいに使いましょう！」
«Please keep the toilet clean!»
«Убедительная просьба соблюдать чистату!»

となっていた（写真 2）。Убедительная/ Ubeditel'naja は просьба/ pros'ba に
かかる形容詞で「切なる」。両語で「たっての願い」の意である。なお、現
地表示では чистату と最後から 3 字目が誤植（正 чистоту）。パンフレットに
関しては筆者が 2024 年 9 月に
確認したところ、木村が問題有
りと指摘した表現が未だに残っ
ていた。
　当該施設のある根室では道路
標識もキリル文字で併記されて
いる。もっとも、日本語からキ
リル文字への正式の翻字ではな
く、日本語→いわゆるローマ字

写真 2　根室市北海道立北方四島交流センター
　　　　館内掲示（根室市、2023 年 9 月撮影）

（ローマ字表記）→ローマ字・キリル文字翻字、とおぼしき事例もある。以下、筆者が 2023 年 9 月に確認した例を挙げると、

　「常盤町 3 丁目」《Tokiwacho 3/ Токивачё 3》.「ちょう」は тё を翻字の正則とするが [18]、ラテン文字表記の ch を機械的に ч で写したか。なお чо という綴りも可。3 者の綴りのいずれもロシア語単語に存在する（тётя, чёрт, чопорный）.（写真 3）

　「市役所前」ラテン文字表記なし。《Шиякушё-маэ》. 翻字の正則としては《Сиякусё-маэ》となろう。ラテン文字表記 Sh が意識されたか。なお、ロシア語の綴りとして「し」「しょ」には си, ши, шё, шо があるが（сила, шило, шёпот, шов）、сё は翻字にしか現れない（将軍 сёгун）.（写真 4）

　「花さきロード」《Hanasaki Road/ Улица Ханасаки》のごとく訳と混ぜているものもある。別の看板では Дорога Ханасаки とある（улица 通り、дорога 道路）（写真 5、6）。完全な翻訳の例として「市立根室病院」が《Nemuro City General Hospital/ Городская больница》と示される（病院ウェブページでは英語名に General を欠く）[19]。音訳もある。「ハローワーク」《Hellow[sic] Work/ Холловок》[sic].（写真 6）

写真 3　「常盤町 3 丁目」標識
　　　　（根室市、2023 年 9 月撮影）

写真 4　「市役所前」バス停
　　　　（根室市、2023 年 9 月撮影）

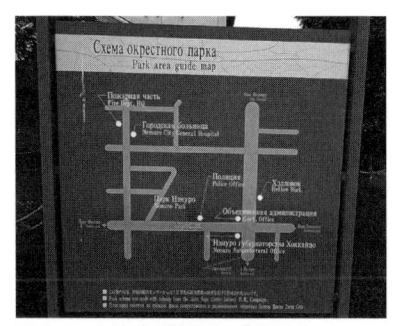

写真 5　「花さきロード」標識
　　　　（根室市、2023 年 9 月撮影）

写真 6　根室公園地図―「花さきロード」
　　　　「市立根室病院」「ハローワーク」
　　　　（根室市、2023 年 9 月撮影）

　この他北海道で、ロシア語も含めた多言語表示の例だと、札幌の道立北海道博物館が挙げられる。そのウェブサイトの表示言語が既に、日本語、英語、中国語（繁体字・簡体字）、韓国語、ロシア語となっている（表示順）[20]。館内の表示にもロシア語が用いられている。国立のウポポイ（民族共生象徴空間）もそうである。そのウェブサイトの使用言語は日本語、英語、中国語（繁体字・簡体字）、韓国語、タイ語、ロシア語である。敷地内の国立アイヌ民族博物館の展示にもロシア語が用いられている[21]。観光庁『ガイドライン』に従いタイ語も含めている。但し、敷地内の公園・通路の標識・表示にはロシア語は使われていなかった。

　東京の観光施設で多言語で案内をしているものだと、押上の東京スカイツリー及び関連施設の東京スカイツリータウンが挙げられる。そのウェブページ[22]は日本語、英語、中国語（簡体字・繁体字）、韓国語で提供されているが、上記の言語の他、PDF 形式で、フランス語、スペイン語、ドイツ語、タガログ語、インドネシア語、イタリア語、ポルトガル語、マレー語、ロシア語、ベトナム語、タイ語、ヒンディー語、アラビア語の 18 言語で構内案内パンフレットが掲出されているのである。なお、横浜のランドマークタワーは、日本語、英語、中国語（簡体字・繁体字）、韓国語のウェブサイトを提供している[23]。

　交通機関関連であれば、例えば、ジョルダン社が 《Japan Transit Planner》

なる「日本全国の鉄道・飛行機を利用した経路・運賃を検索するサービス」[24]を提供している。英語、中国語（簡体字・繁体字）、韓国語、タイ語、ベトナム語、インドネシア語、フランス語、ロシア語、ドイツ語、スペイン語、ポルトガル語、アラビア語である。ウクライナ語は入っていない。

　視覚障がい者向けの音声ガイドからの多言語展開も期待が持てる。特定非営利活動法人日本視覚障がい情報普及支援協会（JAVIS）[25]は「音声コードUni-Voice」を開発したが、「印刷物の文字情報を二次元コードに変換したもの」で、Uni-Voice 事業企画株式会社が実現化した。スマートフォンやアプリを用いて、二次元コード内の情報を音声にできるようになっている。多言語版を用意すれば外国人観光客にも対応可能ということで、現時点で 19 言語：日本語、英語、中国語（簡体語）〔ママ〕、中国語（繁体語）〔ママ〕、韓国語、フランス語、ドイツ語、スペイン語、イタリア語、ポルトガル語、ロシア語、タイ語、ベトナム語、インドネシア語、アラビア語、タガログ語、ヒンディー語、マレー語、オランダ語があって、既に観光地で活用されている [26]。ウクライナ語は入っていない。

　生活レベルの卑近な例としては、東京都江東区亀戸（創業は両国）の「やなぎや質店」が、英語、中国語（簡体字）、韓国語そしてロシア語の 4 言語で「質屋 ломбард」の看板を出している（写真 7）。オンライン店舗でも然り [27]。

写真 7　「やなぎや質店」広告看板（東京都 JR 亀戸駅、2024 年 8 月撮影）

　なお、『横浜市多言語広報指針』(制定 2010〔平成 22〕年 7 月 1 日、最新版は 2024〔令和 6〕年 4 月 1 日改訂[28])) では、外国人市民を対象とするものとして、やさしい日本語の他、「英語、中国語 (簡体字) 及びハングルによる情報提供を行う。また、事業特性、地域特性、緊急性等に応じて、ベトナム語、ネパール語、中国語 (繁体字)、ポルトガル語、スペイン語など母語人口が多い言語による情報提供を行う」とし、外国人来訪者等を対象とする場合は、「英語による情報提供を行う。また、事業特性、緊急性等に応じて、中国語 (簡体字・繁体字)、ハングルなどその他の言語や、やさしい日本語による情報提供を行う」としている。いずれもロシア語やウクライナ語、タイ語は入っていない。

　神奈川県の「多言語による情報提供」では、「多言語支援センターかながわ」がコールセンター対応言語 11：英語、中国語、タガログ語、ベトナム語、スペイン語、ポルトガル語、ネパール語、タイ語、韓国・朝鮮語、インドネシア語、やさしい日本語とし、ロシア語及びウクライナ語を含めぬもの[29)]、「医療通訳派遣システム事業」では、「神奈川県と県内市町村とは、神奈川県医師会、神奈川県病院協会、神奈川県歯科医師会及び神奈川県薬剤師会の協力のもと、特定非営利活動法人多言語社会リソースかながわ (MIC かながわ) と協働して」中国語、韓国・朝鮮語、タガログ語、ポルトガル語、スペイン語、英語、タイ語、ベトナム語、ラオス語、カンボジア語、ロシア語、フランス語、ネパール語 (13 言語) で対応可としている。

　神奈川県及び公的機関が提供する「多言語情報一覧」では、『生活・就労ガイドブック〜日本で生活する外国人のみなさんへ〜』をウクライナ語でも提供し (ロシア語はない)、『多言語医療問診票』『災害情報ポータル』をロシア語とウクライナ語でも提供している。また、県の文化課では『神奈川フィルハーモニー管弦楽団演奏会へのウクライナ避難民招待チラシ (2023年 9 月)』を英語及びウクライナ語で作成した[30)]。

　『生活・就労ガイドブック』は出入国在留管理庁が掲出しているもので[31)]、日本語、英語、中国語 (簡体字)、韓国語、スペイン語、ポルトガル語、ベトナム語、ネパール語、タイ語、インドネシア語、ミャンマー語、クメール

語、フィリピノ語、モンゴル語、トルコ語、そしてウクライナ語の 16 言語である（ここでもロシア語はない）。

　神奈川県の諸市はロシアの都市と友好（姉妹）都市提携は結んでいない。だが、横浜市は 1965〔昭和 40〕年 7 月 1 日からウクライナのオデーサ市と姉妹都市である [32]。ソ連時代に締結された関係であり、当時の感覚としてはウクライナなるロシアとは違う国の都市と姉妹都市になったという意識はなかったであろう。しかし、現在、横浜市は「横浜市ウクライナ支援ポータル」（日本語、ウクライナ語、英語）[33] を立ち上げ、市の避難民支援取組としてパシフィコ横浜・横浜国際協力センター 5 階に「ウクライナ交流拠点ドゥルーズィ Друзі」を開設した。ここではオデーサ市と姉妹都市という意識が強く働いている [34]。

4.2　多文化共生の観点から

　ロシアとウクライナの戦争が続いている。日本も 2022 年 3 月以来、ロシアにとって非友好国である。このような状況下で日本におけるロシア語の言語景観、すなわち、公共空間でのロシア語表記とそれに対する日本人の反応を示す事例となったのが、2022 年 4 月に JR 恵比寿駅で起きたロシア語案内板の事件である。報道によれば [35]、

- JR 東日本恵比寿駅構内に、ロシア語で «Роппонги, Нака-Мегуро»（六本木、中目黒）と書かれた案内板があった。地下鉄日比谷線に乗り換えてロシア大使館に向かうロシア語話者への案内とされる。なお、目黒の翻字表記は «Мэгуро» を正則とするが、ме も可 [36]。
- ウクライナ・ロシア戦争の影響だろう、利用客から JR に「不快だ」という声が寄せられたとのことで、2022 年 4 月 7 日から JR は案内板を紙で覆い隠した。
- その後、「差別につながる」という批判を受け、JR は同月 15 日から元の状態に戻した。JR 東日本は「批判を受けて元の状態に戻すことが適切だと判断した。差別にあたるという誤解を与えたことをおわび申し上

げたい」としている。

　この時期は（あるいは今も）ロシア系住民へのヘイトが見られた。報道例を挙げれば、"ウクライナ侵攻後、日本国内で暮らすロシア人に対する中傷や嫌がらせが相次いでいる。憎悪犯罪（ヘイトクライム）にほかならない。政府は看過せず差別を許さぬメッセージを発するのは当然だ。／〔2022 年〕二月の侵攻以来、ネット上では「日本からロシア人を追い出せ」などの書き込みが絶えない。ロシア料理店への評価欄にも誹謗中傷が書き込まれ、東京・銀座ではロシア食品店の看板も壊された。"[37]

　ロシア語表示がヘイトの対象となったのである。

　一方で、ロシアやウクライナに関する報道が急速に拡大し、ロシア語やウクライナ語に接する機会も増え、またキリル文字を目にすることも多くなった。2022 年 NHK 国際放送でも直ちにウクライナ語放送を始め、出入国在留管理庁外国人在留支援センター（FRESC）はサイト「日本に在留しているウクライナのみなさんへ」[38]を作成した。警視庁でもウクライナ語の手引き『安心・安全 Q&A（ウクライナ語）』『しって・まもって にほんのルール（ウクライナ語）』[39]を公表している（なお、ロシア語版もある）。

　それまで日本におけるキリル文字といえば、ロシア語の文字であって、キリル文字＝ロシア語という等式は、ロシア語教師にもなにかしら保持されていたはずである。だが、キリル文字の露出が増え、あらためてキリル文字はロシア語以外の言語の文字でもあることが実感され、キリル文字はウクライナの文字として日本におけるキリル文字イメージが変わりつつある。

5.　考察

5.1　実用性とシンボル

　ロシア語言語景観を瞥見した。根室のような地域特性が大きい場所であっても、かつて批判された不適切な表記がなお残り（例：ニ・ホ・ロ）、対応

語のゆれ（例：花さきロード）が見られた。北海道のようなロシアに近しいところであっても、公園内の表示にロシア語が用いられなかったりした（例：ウポポイ）。ロシア語表示がなされる仕組みは複数あれど、他の言語と一緒にということであった（例：交通サービス）。ロシア語表記がヘイトの対象になる場面もあった（例：恵比寿駅）。

　これまで、言語景観の類型としては、

　西欧化：看板で英語を使うなど 日本人対象 装飾
　国際化：外国人のための多言語表示
　多民族化：在住外国人の情報交換のため

が指摘されるところである（庄司、バックハウス、クルマス 2009: 9–16）。日本におけるロシア語（及びウクライナ語）の言語景観の例として本稿で挙げたものは実用とシンボルの 2 つの役割を持つものといえる。実用とは「国際化」「多民族化」に対応しているということであり、確かにロシア語表記はロシア語話者観光客やロシア語話者住民に対応している。しかし同時に、当該表記を採用した設置者（多くは日本人）の態度を示すためだけのものも含んでいた。もっともこれは単なる「西欧化」ではない。デザイン・装飾だけとしても、そこで西欧の物だけが利用されるわけではない [40]。

　まず、ロシア語表記の実用面である。日本には、実際にロシア人が暮らしている。また、外客として来日する。但しその数はそれほど多くない。JNTO 日本政府観光局が毎月訪日外客数を発表しているが、2024 年 3 月の推計値（2024 年 4 月 17 日付け『報道発表資料』[41]）によれば、3 月という「例年桜シーズンによる訪日需要の高まりにより、多くの市場で訪日旅行者が多くなる傾向にある」(p. 6) 時期であっても、「ロシアは、ウクライナ侵攻による各国からの制裁等による影響が続いている。訪日外客数は 10,600 人（対 2019 年同月比 90.6%）であった」(p. 9) 日本への直行便がないことにも影響しているであろうが、同じく、直行便が運休しているスペインからの訪日外客数は 16,800 人（対 2019 年同月比 188.4%）であった。2023 年で

ロシア人の来訪がもっとも多かったのは 11 月だが、2023 年 12 月 20 日付けの 2023 年 11 月推計値 [42] では、「ロシアは、ウクライナ侵攻による各国からの制裁等による影響が続いている。訪日外客数は 5,900 人（対 2019 年同月比 44.9%）であった」(p. 9)。「スペインは、経由便航空商品の多様化、紅葉シーズンによる訪日需要の高まり等の影響もあり、訪日外客数は 11,000 人（対 2019 年同月比 104.4%）であった」(p. 9)。やはり戦争が影響していると言わざるをえない。なお、ウクライナからのデータはない。

　日本におけるロシア語言語景観の意義は、そのシンボルとしての機能にある。文字は単なる言語の外形、音形の二次的な現れではない。文字はある文明への帰属を示す。そして、異国の者がある国に何らかの意味で心を寄せていることを示す場合に、当該国の言語の使用が意味を持つし、当該国の文字を使うことにも意味がある。すなわち、キリル文字の使用はキリル文字を使用する国々への関心を示す。現状、キリル文字の使用がロシアとの繋がりを示してしまい、ウクライナとの距離を含意する可能性はある。一方で、ウクライナ語もキリル文字を使用することから、キリル文字使用（もちろんウクライナ語に適った使用法でだが）は、ウクライナ支援をより積極的に外形的に示すウクライナ支援のシンボルになりさえするのである。

5.2　今後どうするか―多文化共生と言語教育

　多言語表示は主権放棄幇助ではないが、落とし穴はある。例えば、嶋（2021）はそのようなものとして 3 点言及している。

- 英語だけで表記したポスターは店の雰囲気作りが目的で、外国人に対しての情報提供を意識したものではないと思われる。
- バス停の名前がバス会社や路線によってバラバラで、同じバス停を指すのに数種類の表示があり利用客をかえって混乱させてしまっている。
- 多言語表示により別のメッセージを発してしまう危険性がある。市役所内で唯一見つけた多言語掲示物が英語の「監視カメラ作動中」だったため、外国人を悪人扱いしているのではと感じた。

　ロシア語での表示を作成するには手間も費用もかかる。作成しても、例えば木村（2016）が指摘した如きパンフレットの不適切な表現が残り続けることもありうる。しかし一度作ってしまえば、それはある程度の期間使えるのであり、その作成したものだけでも多言語表示をしていることになる（例えば東京スカイツリーのウェブページでは PDF 形式のものを置いておくだけであった）。シンボルだからといって単に字母が並んでいれば良いというものではない。根室でさえロシア語表記に混乱があることは既に見た。コストと労力をかけねばならない。但し永続的にかかるものではない。

　むしろ問題は、キリル文字にはラテン文字とは違って色がついているということであって、当該文字をロシア語として扱うかウクライナ語として扱うか、不用意な使用により意図しないメッセージがロシア人やウクライナ人に伝わってしまう可能性があることである。現在、日本におけるウクライナ避難民は 2000 人以上[43]。ドイツやポーランドが受け入れている人数と桁が違うが（ポーランドは 140 万人という[44]）、それでも、それなりの数である。川口・蕨のクルド人が 3000 人程度とされるから[45]、それに迫る。日本の若者のウクライナへの関心も高い。神戸大学でウクライナ語を開講したところ人気講座になっているという[46]。

　街中にロシア語表記キリル文字表記が増えれば、学習者のモチベーションは向上し、教師も確かに授業をやりやすくなるだろう。しかし、文字はロシア語教師のためにあるのではない。日本におけるロシア語の、そしてキリル文字の言語景観は、一見目立たぬながらも、戦況の推移と日本のコミットメントのありかたの中で考察されるべき問題である。手をこまねいたまま多文化社会に移行しているかに見える日本、その中で、ロシア人とウクライナ人が過ごしている。言語景観は、戦争と多文化共生と言語教育の観点からの考察を今後も強いていく。

注

1 ）　グレーボフは 1888〔明治 21〕年来日した露国公使館付司祭。岩沢丙吉（1863〔文久 3〕年〜 1943〔昭和 18〕年）はニコライ堂付正教神学校、ロシア留学

を経て、正教神学校教授、後に陸軍大学校教授。参照：東京外国語大学史編纂委員会『東京外国語大学史―独立百周年 (建学百二十六年) 記念―』(東京外国語大学、1999 年)：803、及び『20 世紀人名辞典』(日外アソシエーツ、2004 年)。

2 ）　あるいは、18 世紀のピョートル 1 世による文字改革以降の非教会文字を「ロシア文字」とし、それ以前の、あるいは改革後も教会文献では使われた文字を「キリル文字」と呼ぶことも出来よう (小林 2010, 2016)。

3 ）　ロシア語とウクライナ語及び両者の相違について簡便ながら学術的な記述として、中澤 (2022), 三谷 (2011), 渡部 (2023, 2024a, 2024b) がある。

4 ）　東京外国語大学語学研究所「ウクライナ語　基本データ」https://www.tufs.ac.jp/common/fs/ilr/archive/ukr/ukr1.html (URL は 2024 年 5 月 5 日に閲覧確認、以下同)

5 ）　"Ukrainian letter "Ï" has become a symbol of resistance in Mariupol" «We are Ukraine» Sep.6. 2022.https://www.weareukraine.info/special/ukrainian-letter-ï-has-become-a-symbol-of-resistance-in-mariupol/

6 ）　https://www.mlit.go.jp/kankocho/content/810003138.pdf

7 ）　https://www.mlit.go.jp/kankocho/seisaku_seido/kihonkeikaku/inbound_kaifuku/ukeire/kankochi/annaihyoji.html

8 ）　https://www.e-stat.go.jp/stat-search/files?tclass=000001048670&cycle=1&year=20230&month=12040606

9 ）　地理的な隣接だけでなく、現在の日本の形成に深く関わったという意味で近しい言語も含めるとすればドイツ語やフランス語も隣語になろう。

10）　https://www.tjf.or.jp/meyasu/common_pr/03meyasu_russian_final.pdf

11）　https://www3.nhk.or.jp/nhkworld/ja/radio/

12）　https://www3.nhk.or.jp/nhkworld/ja/internet/

13）　https://www3.nhk.or.jp/nhkworld/en/multilingual_links/

14）　学校法人日ソ学園東京ロシア語学院「東京ロシア語学院沿革」〔年月日無し〕https://www.tokyorus.ac.jp/profile/enkaku.html

15）　番組廃止がウクライナとロシアとの戦争開始と重なったが、偶然とされる。報道例：安藤健二「NHK の語学番組『ロシアゴスキー』終了で憶測広がる ⇒「ウクライナ情勢とは無関係です」」«Huffpost», 2022 年 3 月 1 日

https://www.huffingtonpost.jp/entry/russia-nhk_jp_621de2e4e4b0d1388f19ee5b

16） https://www.nichibenren.or.jp/activity/criminal/recordings/detail/suspect_note.
html

17） 但し、北海道教育委員会外国語教育多様化推進地域事業（平成 18 年度〜平
成 19 年度）ロシア語教材『テレモーク』では目立たない。
https://www.dokyoi.pref.hokkaido.lg.jp/hk/kki/a0008/intl2/184679.html

18） 日本語の 50 音をキリル文字で表す「キリ字」なるものが定まっており、
日本のロシア語教材でも示され、教育においてもそれに基づいた指導が
なされている。日本にも留学したロシア人言語学者 Е.Д. ポリワーノフ
（1891–1938）に由来するものである。

19） https://www.city.nemuro.hokkaido.jp/cgi-bin/hsp/index.php

20） https://www.hm.pref.hokkaido.lg.jp

21） https://ainu-upopoy.jp/

22） https://www.tokyo-skytree.jp

23） https://www.yokohama-landmark.jp

24） https://world.jorudan.co.jp

25） https://www.javis.jp

26） https://www.uni-voice.co.jp/ ソリューション / 多言語サービス

27） https://shop.yanagiya78.com

28） https://www.city.yokohama.lg.jp/city-info/koho-kocho/koho/kikaku/guideline.
html

29） https://www.pref.kanagawa.jp/docs/k2w/cnt/f544/index.html

30） https://www.pref.kanagawa.jp/docs/k2w/cnt/f4248/p11909.html

31） https://www.moj.go.jp/isa/support/portal/guidebook_all.html

32） https://www.pref.kanagawa.jp/docs/k2w/cnt/f41011/p12188.html

33） https://www.ukraineportal.city.yokohama.lg.jp

34） https://www.ukraineportal.city.yokohama.lg.jp/base

35） 「JR 東日本 駅のロシア語案内板 覆い隠すも批判受けて元の状態に」«NHK»、
2022 年 4 月 14 日 https://www3.nhk.or.jp/news/html/20220414/k10013582921
000.html

36)　即ち、「え」を写すのに э/е のどちらの表記も見られる。例：生け花 икэбана, икебана

37)　「〈社説〉戦争とヘイト　ロシア人差別許されぬ」『東京新聞』、2022 年 4 月 20 日 https://www.tokyo-np.co.jp/article/172781

38)　https://www.moj.go.jp/isa/support/fresc/ukraine_support.html

39)　https://www.keishicho.metro.tokyo.lg.jp/multilingual/other/ukraine/index.html

40)　キリル文字をデザインに使う事例は、ラテン文字や漢字やトンパ文字を使うように常にありうる。キリル文字、主としてロシアの文字が格好良い・おしゃれという時代は日本にもあった。例：山本容子、中原佑介『絵本・ロシアのアルファベット』（日本放送出版協会、1990 年）。

41)　https://www.jnto.go.jp/statistics/data/20240417_monthly.pdf

42)　https://www.jnto.go.jp/statistics/data/20231220_monthly.pdf

43)　ウクライナ避難民入国者数は 2024 年 4 月 30 日の速報値で 2619 人（男性 747 人、女性 1872 人）、全在留者数だと 2072 人である。出入国在留管理庁による：https://www.moj.go.jp/isa/publications/materials/01_00234.html

44)　「ウクライナ避難民受け入れ　ポーランド経済にもたらすメリット」『毎日新聞』2024 年 3 月 1 日

45)　「埼玉の在日クルド人に差別や攻撃　県外からも電話「SNS で見た」」『朝日新聞』2024 年 4 月 20 日

46)　「大学でウクライナ語講義が盛況、将来性に高い関心　一方ロシア語は…」『朝日新聞』2024 年 3 月 6 日

参考文献

木村崇 2016「これでいいのか、国内のロシア語表現—北海道立北方四島交流センターで考えたこと—」『ロシア語教育研究』7, pp. 49–56, 日本ロシア語教育研究会

黒田龍之助 1995「ウクライナ語小文法　付：ロシア語学習者のために」『ウクライナ語基礎 1500 語』pp. 71–114, 大学書林

グレーボフ 1898『露西亜文法』岩澤丙吉（訳），東京印刷

小林潔 2010「スラヴの文字と文化—グラゴール文字とキリル文字の来歴が示す

もの―」桑野隆，長與進（編著）『ロシア・中欧・バルカン世界のことばと文化』pp. 38–56, 成文堂

小林潔 2016『ロシア文字への旅』スラヴァ書房

嶋ちはる 2021「多言語表示の落とし穴」奥野由紀子（編著）『超基礎・第二言語習得研究』p. 105, くろしお出版

庄司博史，P・バックハウス，F・クルマス 2009「日本の言語景観―西欧化，国際化，そして多民族化」同『日本の言語景観』pp. 9–15, 三元社

鈴木孝夫 1978/1999「なぜ外国人に日本語を教えるのか」同『鈴木孝夫著作集3』pp. 243–269, 岩波書店

中澤英彦 2022「ウクライナ語」庄司博史（編）『世界の公用語事典』pp. 178–181, 丸善出版

沼野恭子，匹田剛，前田和泉，イリーナ＝ダフコワ 2013『大学のロシア語Ⅰ』東京外国語大学出版会

林田理恵科研プロジェクト，横井幸子科研プロジェクト，公益財団法人国際文化フォーラム 2016『外国語学習のめやす―ロシア語教育用―』

水口景子 2013「新たな外国語とのであい」『複言語・多言語教育研究』1, pp. 18–19, 日本外国語教育推進機構

三谷惠子 2011『スラヴ語入門』三省堂

渡部直也 2023「ロシア語とウクライナ語はどれほど違うのか？」『ユーラシア研究』67, pp. 71–72.

渡部直也 2024a「ウクライナ語とロシア語のはざまで」『ユーラシア研究』68, pp. 75–77.

渡部直也 2024b『ウクライナ・ロシアの源流―スラヴ語の世界―』教養検定会議

第6章

キャンパスにおける言語景観との接触
—言語景観はレアリアとなり得るか—

髙木南欧子

要旨

　言語景観が日本語学習者のレアリアとなり得るかをみるために、交換留学生の目に映るキャンパスの景観について調査を行った。その結果、景観を言語景観として認識するためには、ある程度の日本語能力が必要であること、及び、日本語能力が高くなると、単語の長さを越え、文構造を有するような長さにまで意識が向けられることが分かった。しかし一方で、言語景観への認識力の高さは、日本語学習の期間や日本語能力の高さとそのまま比例するわけではないことも分かった。言語景観をレアリアとできるか否かは、環境に対する意識の持ち方が影響することがうかがえた。

キーワード

　言語景観、キャンパス、日本語学習、レアリア、アフォーダンス

1.　はじめに

　一般的に、レアリア（realia）との接触は、外国語の学習において有効であるといわれている。レアリアは、看板やチラシなどの実物を指す狭義的な立

場もあれば、千野 (1984: 190) のようにレアリアを「言語外現実の知識」と捉え、習慣的な知識や、建物の内部構造に関する常識、ジェスチャーなどを含める立場もある。語学の上達という点では、後者のレアリアの習得は重要なものであるが、JFL[1] (Japanese as a Foreign Language、外国語としての日本語) 環境では難しい。しかし、JSL[2] 環境 (Japanese as a Second Language、第二言語としての日本語) においては、レアリアが埋め込まれた言語景観に囲まれた環境での学習が可能となる。

　言語景観とは、一般に「公共空間で目にする書き言葉」(庄司他 2009: 9) を指す。JSL 環境における言語景観には、実物としてのレアリアと、知識や情報の集合体としてのレアリアが存在する。このレアリアは、学習者からどのように認識され、日本語学習に寄与するのだろうか。

　本稿では、JSL 環境下における留学生の日本語学習という観点から、言語景観がレアリアとなる条件や学習者の心的態度について考察を行う。調査においては、まず、キャンパスで接触した景観の撮影を留学生に依頼し、撮影された写真の中の言語景観を分類する。さらに、アンケート調査と合わせて分析を行い、キャンパスにおける言語景観を再考する。

2.　先行研究

　言語景観を利用した日本語学習の観点からは、近年、さまざまな実践や研究の報告がなされている。AATJ (全米日本語教育学会 American Association of Teachers of Japanese) の 2018 年の春の学会のパネルにおいては、言語景観を活用したさまざまな日本語教育の実践や研究が報告された。また JFL 及び JSL 環境における教室活動への言語景観の導入に関しては、李・甲賀 (2022) の調査研究があり、言語景観の利用によりアクティブ・ラーニングの促進がみられることが報告されている。日本語の言語景観を学習の素材としてまとめたものには磯野 (2020) があり、公共表示と民間表示、語彙の多様性、ピクトグラム・記号、語用論的使用などの観点から、教員による授業

での使用、学習者による自主学習の双方に対応できるよう観点別に整理され、示唆に富むものとなっている。

　これらの先行研究を大きく 2 つに分けると、言語景観環境における日本語を狭義のレアリアと捉え、特定の漢字や語彙などの言語形式を手がかりにタスクの達成を狙いとする課題達成型のものと、言語景観にみられる日本語を、背景にある知識やコミュニティにおける意味を含んだ広義のレアリアと捉え、社会言語学な視点からアプローチをしてレアリアの理解を深める課題発見型のものに分けられる。

　レアリアとキャンパスにおける留学生の日本語学習の観点としては、髙木（2015）において、レアリアの分析にアフォーダンス（affordance）を絡めて考察を行ったものがある。アフォーダンスは、Gibson（1985: 137）が提唱した概念であり、「物」のような環境が提供する「価値」や「意味」のことを示す。例えば、知覚者の前に、水平で、堅い物質がある場合、その表面は支えることをアフォード（afford：提供する、与える）し、土台、あるいは床など腰かけるものとして機能する。髙木（2015）においては、レアリアは学習言語をとりまく現実社会の知識が蓄積された集合体であるとの千野（1984）の考えに立ち、言語が備えるレアリアは、言語使用者の知識と置かれた環境に影響されるため、環境によって機能するアフォーダンスも異なると仮定した。言葉の意味は多義的なものであるが、場のアフォーダンスの範囲において適する意味が選択され、実態を伴った意味を持つ。JFL 環境で日本語を学んだ日本語学習者は、JSL 環境下におけるアフォーダンスを体験することにより、文字フォントや音韻や語彙の違いによるニュアンス、ミニマルペアの応答における価値といった広義のレアリアを、実態を伴ったものとして理解できる。それゆえ、レアリアとの接触は日本語学習に有効であるといえる。

　しかしながら、JSL 環境下の留学生が、実際に言語景観をどのようにみているのかという基礎的調査は、管見の限りは見当たらない。JSL 環境における言語景観は、言語形式が持つ辞書的な意味範疇を超え、社会的、背景的な知識までを含めた知識の集合体としてのレアリアの習得に寄与するのだとすれば、その過程にはどのようなことが留学生の内面で起こっているのだろうか。

3. 留学生の言語景観の調査

　JSL 環境下において、日本語を学ぶ留学生が言語景観に注意を向ける要因を調査するため、留学生の言語景観にかかる基礎的調査を行った。調査にあたっては、筆者が勤務する首都圏近郊にある大学に 1 セメスターないし 2 セメスター滞在した非漢字圏の国・地域出身の交換留学生を対象とした。

3.1 パイロット調査

　調査項目の選定のため、日本語能力が中・上級のレベルにある交換留学生 4 名を対象に、キャンパスにおける言語景観にかかるパイロット調査を行った。調査には、非漢字圏の中・上級レベルにある交換留学生に協力を依頼した。中国語、及び韓国語は、日本語と共通する語彙が多数あり、母語干渉の影響が考えられるため、協力者の選定にあたっては、当該国・地域以外の出身者に協力を求めることとした。

3.2 パイロット調査の目的と方法

　非漢字圏出身の留学生が、キャンパスにおいて意識を向ける対象と理由を調べることを目的に、パイロット調査を行った。調査対象者は、2 セメスター目を修了して帰国を控えた交換留学生とした。出身国・地域と母語が同一、かつ日本語能力が中・上級の同じレベルにあるペアの 2 組に調査を依頼し、合計 4 名を対象とした。

　調査においては、「在学中に印象に残ったもの、あるいは身近でみた表示や記号、看板などの写真を撮影してください。対象はキャンパス内のものにしてください」と指示をし、各ペアにカメラを 1 台渡した。撮影は大学の腕章をつけた上で、2 〜 3 時間で行ってもらった。それぞれのペアについては、撮影後、写真をスクリーンで確認しながら 1 時間ほどフォローアップインタビューを行った。

3.2.1　パイロット調査の結果の概要

　調査対象者の特徴と、それぞれのペアが撮影した概要を表 1 にまとめる[3]。

表 1　パイロット調査の概要

実施年	対象者	出身	日本語レベル	撮影枚数	撮影場所・施設
2015 年	ペア A	ベトナム	N1 〜 N2	54 枚	6
2020 年	ペア B	ベトナム	N2	137 枚	9

　撮影対象として選ばれた場所や物は、調査協力者が頻繁に利用していた教室や場所に関するものであり、撮影された写真の枚数は、各場所における活動時間や利用頻度と概ね比例していた。

3.2.2　ペア A とペア B の共通点

　両ペアが撮影した写真を分類すると、共通する傾向がみられた。1 つ目は、両ペアとも「文字・記号があるもの」の言語景観の撮影を指示されていたが、記号・文字がまったくない景観も撮影されていたこと、2 つ目は写真にペアの相手を写り込ませることがあったことである。

　前者のうち、両ペアに共通していた撮影対象は写真 1 の語学棟にある休憩スペースであった。フォローアップインタビューにおいて撮影理由をたずねたところ、語学棟は、授業での利用頻度が高かったため、当該の休憩スペースをよく利用しており、予習・復習の苦労や、友人とのおしゃべりなどの思い出が深く残っていたため、という回答であった。

写真 1　語学棟の休憩スペース

写真 2　友人の写り込み

　後者については、写真 2 のようにペアの相手をさりげなく写り込ませるものもあれば、正面からポートレイトのようにはっきり映しているものもあった。ペアの相手を写り込ませた理由についてたずねると、両ペアとも、ペアの相手は仲の良い友だちであり、留学生活を共に過ごした大切な友だちであることをあげていた。

　撮影箇所として枚数が多かったのは、両ペアとも国際センターであった。利用頻度がもっと高い場所は他にあったが、国際センターは交換留学生であるペア A、ペア B にとり、重要な機能を持つ場所であったことがフォローアップインタビューからも分かっている。

3.2.3　ペア A における言語景観の特徴

　ペア A が撮影した写真は全部で 54 枚であった。撮影場所は、多い方から国際センター、教務課等の事務窓口、生協、演習棟、移動ルートの順となっていた。この順は、利用頻度ではなく、留学生活における重要度と関連しているようであった。また、記号・文字が含まれる写真は 37 枚、そのうち写真 4 のように記号・短い文からなるタイプが 32 枚、写真 3 に含まれるように文単位で説明されているものが 5 枚であった。

　場所ごとにおける撮影対象の偏りはなかったが、演習棟については、撮影された 10 枚のうち 7 枚がトイレの写真で占められており、そのうち文字・記号ありの写真は 4 枚、文字・記号なしの写真は 3 枚であった。撮影理由をたずねたところ、トイレでは押しボタンを間違えないように気をつけてい

たこと、大きな鏡のある広いメイクスペースをよく利用していたことをあげていた。このトイレは、キャンパスの入口近くに位置し、パウダールームとしての充実度が高い。身だしなみを整え、一日を始める重要な起点として多くの学生に利用されている。

写真 3　流す（トイレ）

写真 4　押す（トイレ）

　全体として、ペア A は、接触頻度の高く重要だったものや、利便性が高かったものを中心に撮影しており、言語形式については、記号のような短いものが多かった。

3.2.4　ペア B における言語景観の特徴

　ペア B は撮影枚数がペア A より多く、また、写真 6 の左上にあるような文単位の説明が含まれる言語景観の割合が多かったため、文単位の説明がみられたものについて、表 2 のように分類した。撮影した施設・場所の内訳については、枚数が多い順に上から並べた [4]。

表 2　ペア B の写真の内訳

施設・場所	撮影枚数	文単位の説明が含まれるもの	特徴（全枚数の中に含まれる枚数）
国際センター	29	22（2：デジタルサイネージ）	文単位の説明文がない写真は、ロビーの壁、自動販売機、トイレなど：7
語学棟	18	10	文字等が何もない写真：1（休憩スペース）
就職課	18	11	動線を示す案内表示：7
生協	17	9	食べ物に関わるもの：6
事務窓口	11	5	机と椅子が写り込んだもの：2
ホール	4	2	母国が写っている地図：2
演習棟	11	5（1：デジタルサイネージ）	トイレ関連：3自動販売機：1ゴミ箱（分別）：1
図書館	2	2	館内は撮影許可を得ていなかったため、入口周辺のみ
その他（移動ルート）	27	11	特定の人物の映り込み：2

表内の数字は枚数

　フォローアップインタビューの結果を照らし合わせると、撮影枚数と接触頻度は概ね関連していたことが分かった。例外は、国際センターであり、実際の利用頻度が少なかったわりには、撮影枚数が最も多かったが、これは交換留学生として過ごす上で必須となる事務手続きや語学学習のサポートを受ける等、ペア B にとって重要な機能がある場所だったためと推察される。

　言語形式についてみると、国際センターで撮影した写真のうち、文単位の説明が含まれている写真は 29 枚中、22 枚であり、14 枚がラウンジの写真であった。国際センターのラウンジには、学生対応窓口がある他、ベンチや飲み物の自動販売機、書籍などが置かれ、昼休みは学生たちの交流の場にもなっている。ラウンジを撮影した写真の内容をみると、14 枚のうち 10 枚は

写真5のような情報発信に関係するもの、4枚は写真6のような注意喚起を促すものであった。情報発信に関するものは、写真5のように俯瞰的に撮影されているのに対し、注意喚起を促すものは、写真6のように、記号や文字が大きく鮮明に撮影されていた。

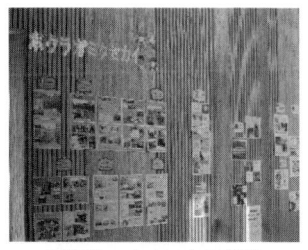

写真5　イベントの報告
（国際センター）

写真6　書類記入時の注意（国際センター）

　文単位の説明が書かれているものについては、他の場所・施設でも同様に、俯瞰的に撮影しているものと、記号・文字がはっきり撮影されているものに大別することができた。記号・文字がはっきり撮影されているものは、注意書きの他、施設の名称を記した入口の表示や建物内部の地図、ゴミ箱の分別の表示などがあった。また、これらの写真には、使用上の注意や、使用・利用が可能であることを行為者に伝える機能的な働きをするものが多いという共通点があった。

　このタイプの写真をさらにみていくと、写真6のように強く注意を喚起するものもあれば、写真7、写真8のように、利用者に対して丁寧に訴えるタイプのものもあった。写真7は矢印とともに「カップ麺の湯きりはここです」との説明、写真8はピクトグラム・記号の他に「トイレ内の飲食はご遠慮ください」とそれぞれ文単位で注意が示されている。

　言語景観にみられる禁止表現については、岸（2011）において、さまざまな禁止表現があることが指摘されているが、日本国内における近年の傾向としては、直接的で強い禁止表現は避ける傾向がある。そのため、写真7、写

真 8 において配慮を感じたかをフォローアップインタビューで確認したところ、ペア B は待遇的な配慮についてはまったく気づいていなかった。写真 7 を撮影した理由は、生協でカップラーメンを食べたかったため、他の学生たちの食べ方を参考にしつつ、挑戦したエピソードによるもので、写真 8 はトイレの使用にかかる文化・習慣的な違いが気になったため、との回答であった。

写真 7　カップ麺の湯切り場所を示す　　写真 8　ピクトグラム・記号・文単位の
　　　　表示（生協前）　　　　　　　　　　　　説明（演習棟のトイレ入口）

　その他の点で留意すべきと思われたものは、写真 9 にみられる留学生のアイデンティティに関わるものであった。写真 9 は、キャンパス内のホールにある地図である。協定校の所在地が示されており、ペア B の母校の所在地であるハノイも書かれている。ハノイはベトナムの北部にある首都であるが、写真 9 において「Hanoi」と示されている場所にある都市は、実際は南部の都市・ホーチミンである。ベトナムに関する知識がない人にとっては、写真 9 はただの景観かもしれないが、ペア B にとっては JSL 環境下で自身のアイデンティティに出会う言語景観である。この誤りから JSL 環境下での言語景観には、アイデンティティとの関連も調査項目に加える必要性が感じられた [5]。

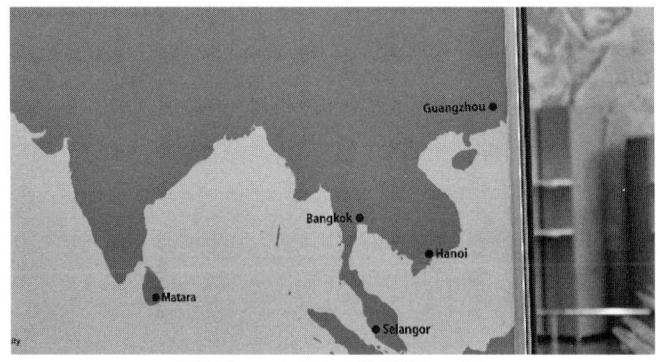

写真9　ベトナムの地図（ホール）

3.2.5　ペアAとペアBの言語景観の相違点

　このように撮影写真の枚数、内容、フォローアップインタビューをみてくると、ペアAとペアBには、JSL環境下の言語景観において大きく2つの違いがあったといえる。1つ目は表1にみられるような、撮影枚数、撮影箇所の数の違いであり、2つ目は言語景観に撮影された言語形式の質の違いである。

　まず、撮影の枚数と場所の違いについて考えると、両ペアの言語景観に対する態度の違いによるものが大きいように思われた。留学生活全般と言語景観に関するフォローアップインタビューの回答から、ペアAはキャンパスで過ごす時間がペアBに比べ短かったこと、及び、サポートされる留学生という立場を好まず、自立的に過ごせるという自負があったこと、さらに、母校と留学先の大学には構造やシステムの違いはあまりないと考えていたことが分かった。一方、ペアBは、日本人の学生たちが何に興味・関心を持っているのかを注意深く観察しており、将来の就職活動を念頭に、授業の一環で訪れた就職課を別日に再訪するなどして、得た知識を深める行動をしていたことが分かった。ペアAは、JSL環境にありながら、JFL環境下と同じような生活態度で臨もうとし、言語景観に対しあまり関心を払っていなかったのに対し、ペアBは、JSL環境下の言語景観に対し、興味・関心を持って接していたことが推察される。

　次に、この 2 つのペアが撮影した写真について、言語形式の質に注目してみる。ペア A が撮影した言語景観が含まれる写真は、案内板や注意書きといった短い単位タイプによるものが大部分を占めていた。一方、ペア B は、案内板などの短い単位タイプも多くあったが、説明書きや、使用手順を説明した表示など文単位タイプも多く含まれていた。文単位タイプのものについてみてみると、ペア A は撮影した全写真 54 枚のうち 5 枚にとどまったのに対し、ペア B は全写真 137 枚のうち 77 枚に上った。フォローアップインタビューにおいて、留学期間中、看板や説明書き等に書かれている日本語が分からず、困った経験がなかったかを確認したところ、ペア A は、困ったことは特になく、分からなかったものを調べることもほとんどなかった、と回答した。ペア B は、重要度が低いものに関しては、分からないことがあってもそのままにしていたが、重要度が高いものや興味があるものに関しては、自分で調べたり、日本人の友人に聞くなどして解決していたと回答した。

　上記を合わせて考えると、ペア A は JSL 環境のキャンパスを母校と同じ環境として接していたために、言語景観が単なる景観になっており、日本語能力はペア A より高かったものの、言語景観は意識に残らなかった可能性がある。他方、ペア B は、将来の就職への意識や、日本人学生のライフスタイルなどへの興味、関心から言語景観に向き合っており、言語景観へも意識が向けられていたと考えられる。

3.2.6　調査概要の見直し

　パイロット調査の結果をふまえ、本調査の概要の見直しを行い、質問項目を修正することとした。

　まず、ペア A が言語景観に注意を払っていなかったことや、ペア A、ペア B ともに、記号・文字がない景観を撮影していたことから、本調査においては、根本的な興味・関心をみる必要があると考えた。そこで、撮影対象を言語景観に特定せず、興味・関心があったもの、よくみた景観へ広げることとした。また、日本語能力との関係をみるために、日本語能力が N3 から

N2 レベルにある留学生を中心とすることとした。

　調査における質問項目の作成においては、パイロット調査からみえた項目を整理し、選択式の調査項目を作成した。また、被写体を選定する理由を広く拾えるよう、自由回答からなる質問項目も用意した。また、フォローアップインタビューにおいて、チャイムの音に関する言及が自発的にみられていたことから、質問対象には音・音声も含めることとした。

3.3　本調査—キャンパスにおける留学生の言語景観

　JSL 環境における言語景観は、日本語を学ぶ留学生にとってレアリアとなり得るか。この問いに対し、本調査においては、パイロット調査の結果をふまえ、次のように 2 つの仮設を立てた。まず、仮設 1 は、JSL 環境下の言語景観が学習上のレアリアとなるためには、言語景観に向ける興味や意識が必要だ、というものである。仮設 2 は、言語景観に含まれる日本語のレアリアに対する興味や意識の持続には、ある程度の日本語能力を備えていることが必要だ、というものである。そこで、本調査においては、前者について、言語景観を撮影した枚数、及び、含まれる言語形式をフォローアップインタビューの結果と合わせて、興味や意識をみることとする。後者の日本語能力と言語景観との関わりについては、撮影された景観に含まれる言語景観の割合や言語形式の種類について、日本語能力との関連から考察を行う。

　調査対象者としては、パイロット調査と同じく、1 セメスターないし 2 セメスター目が終わった非漢字圏の交換留学生とした。S6、S7 からは 2 セメスター連続で協力が得られたため、2 回目を S6'、S7' と表記した。また、比較のための対照群として、N1 レベルにある漢字圏出身の交換留学生 3 名を対象者に加えることとした。本調査の概要を表 3 に示す。「S（　）」内の（　）の数字が大きいほど、「読む、聞く、書く、話す」の 4 技能における日本語能力が高いことを示す。

表3　キャンパスの景観と言語景観の調査の概要

実施年	対象者	出身地域[6]	日本語レベル	滞在セメスター
2022 年	S1	東ヨーロッパ	N5	1
2023 年	S2	北ヨーロッパ	N3	2
2022 年	S3	北ヨーロッパ	N2 〜 N3	1
2023 年	S4	北ヨーロッパ	N2 〜 N3	2
2023 年	S5	南ヨーロッパ	N2 〜 N3	2
2022 年	S6	西ヨーロッパ	N2 〜 N3	1
2023 年	S6'	西ヨーロッパ	N2 〜 N3	2
2023 年	S7	北ヨーロッパ	N2 〜 N3	1
2023 年	S7'	北ヨーロッパ	N2 〜 N3	2
2022 年	S8	中米	N2	1
2022 年	S9	西ヨーロッパ	N2 〜 N1	1
2023 年	S10	東アジア	N1	2
2022 年	S11	東アジア	N1	2
2023 年	S12	東アジア	N1	2

　なお、パイロット調査は 2020 年 1 月に行ったが、その後、本調査を始めるまでの間に、新型コロナウィルスの世界的な流行、及び、筆者が所属するキャンパスの移転があったため、2022 年に再開した本調査は、パイロット調査と大きく異なる環境で行わざるを得なくなった。本調査で対象とするキャンパスは、広い敷地に建物が散らばっているタイプではなく、ビルにすべての施設が集約されているタイプとなった。

3.3.1　調査方法

　写真撮影にあたっては、1 人につき 1 台のカメラを渡し、2、3 名からなるグループで写真撮影をしてもらった。依頼にあたっては、「留学中によく見たものを撮影してください。記号や文字がある場合は、それを含めて撮影してください」とした。撮影の所要時間は 2 時間程度とし、写真撮影の後、

撮影した写真について「よく見た」「ときどき見た」「1、2回見た」ものを
フォルダに分類し、各フォルダごとに印象に残った写真を抜き出してもらっ
た。また、選択式、自由回答式を混ぜたアンケートを行い、撮影した景観が
印象的だと思った理由、キャンパス内の看板や注意書きの日本語を読んだか
否か、言語景観の中に分からない日本語があった場合はどうしたか、などを
たずねた。最後に、各自に撮影した写真を確認しながら、簡単なフォロー
アップインタビューを行った。

3.3.2　調査結果Ⅰ—印象に残った景観と言語景観

　景観が印象に残る理由と言語景観との関係を調べるため、3.3.1 で得られ
たデータのうち、「よく見た」フォルダの写真について言語形式にかかわる
分類を行った。

　分類にあたっては、「よく見た」フォルダに分類された景観の中から言語
景観が含まれるものを抜き出し、さらにその言語景観に含まれる言語形式に
ついて分類を行った。3.2 のパイロット調査でもみたように、言語景観に含
まれる言語形式には、記号や一語から成る動詞、短い連体修飾句など短い単
位で構成されるもの、一文単位で構成されるもの、さらには段落単位で構成
されているものがあった。そこで、一文単位で構成されるものと段落単位で
構成されるものをまとめて「文単位タイプ」、記号や一語から成る動詞や短
い連体修飾句などで構成されるものを「短い単位タイプ」と呼ぶこととし、
ここでは大きく 2 つに分けることとした。この視点から「よく見た」フォ
ルダの写真を分類したものを表 4 に示す。表 3、及び表 4 をみると、日本語
能力に著しく差があるはずの S1 と S12 の撮影枚数がそれぞれ 33 枚、41 枚
であり、ともに少なさが非常に目立つ結果となった。

表4　撮影された景観と言語景観の概要

対象	総枚数	総枚数のうち、記号・文字を含む枚数	「よく見た」枚数	「よく見た」中で特に印象に残っている枚数	「よく見た」「特に印象に残っている」中の短い単位タイプの枚数（（　）内は文単位の枚数）
S1	33	10	14	5	1 (0)
S2	122	58	32	2	0 (0)
S3	184	94	75	3	0 (0)
S4	57	32	40	5	1 (0)
S5	64	45	53	11	8 (0)
S6	83	46	45	7	4 (3)
S6'	136	74	69	4	1 (0)
S7	71	34	36	4	3 (0)
S7'	84	45	65	5	2 (0)
S8	89	56	— 7)	5	4 (1)
S9	122	86	50	10	9 (3)
S10	68	39	32	5	5 (2)
S11	185	126	104	53	34 (11)
S12	41	31	26	5	4 (3)

3.3.3　調査結果2―言語景観の枚数と日本語能力との関連性

　調査対象者が撮影した写真の総枚数に対して、記号・文字を含む枚数が占める割合を図1に示す。なお、ここでいう記号・文字とは、短い単位タイプと文単位タイプの両方を指す。

　図1をみると、S1の総枚数33枚のうち、記号・文字を含む写真は10枚で、割合にすると30％であった。一方、S12は総枚数が41枚で、記号・文字を含む写真は31枚であり、割合は76％であった。S1とS12はそれぞれ撮影枚数は少なかったものの、S1が注意を向けた景観には言語景観があま

り含まれていなかったが、S12 が注意を向けた景観は、約 75％の割合で言語景観が含まれていた。

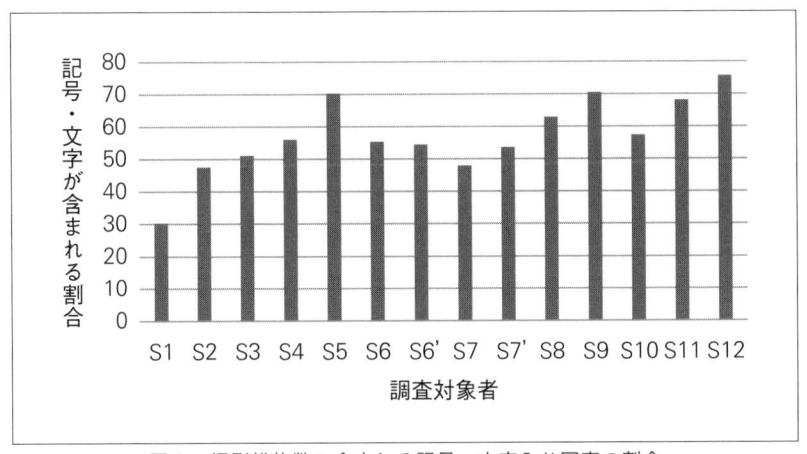

図１　撮影総枚数に含まれる記号・文字入り写真の割合

　次に、図 1 から言語景観の撮影枚数と日本語能力の関連性をみる。すると、S1 から S5 が 1 つの右上がりの傾斜のかたまりになっており、次に S6 から S9、さらに S10 から S12 と 3 つの群になっていることが分かる。全体として、記号・文字が含まれる割合は、日本語能力が高くなっていくにつれ多くなる傾向がみられるが、途中に凸凹があり、階段状になっている。もし枚数の多さに日本語能力の関連がないなら、他の可能性としては言語景観への意識のあり方が考えられるのではないだろうか。

3.3.4　調査結果 3 ── 言語景観が印象に残る理由

　そこで、言語景観が印象に残った理由に対する回答を手がかりに、対象者の意識をみることとした。前述の 3.3.1 の調査方法でも触れたが、各対象者には、撮影した写真すべてを「よく見た」「ときどき見た」「1、2 回見た」のフォルダに分類し、フォルダごとに「印象に残った写真」を抜き出してもらった。表 5 においては、「よく見た」フォルダ内の「印象に残った写真」（記号・文字を含むもの、含まないものも混在）を選んだ理由を項目ごとに

整理した。

　表 5 をみると、S1 が回答した撮影理由は「よく見た」のみであった。S12 が選択した理由も 3 つにとどまっていたが、うち 1 つは「言葉や記号が印象的だから」となっていた。この項目は、延べ 12 名中 5 名が選択していたが、そのうち 4 名は日本語能力が N1 レベルにあった。4 名のうち 3 名は中国語圏出身であったため、漢字の理解にかかるアドバンテージは留意しておく必要があるが、日本語能力が高い対象者ほど「言葉や記号が印象的だから」を選んでおり、言語景観へ意識を向けたことが分かる。

　「言葉や記号が印象的だから」を選択した残り 1 名は S5 であった。図 1 をみると S5 の撮影した総枚数のうち 70％に言語景観が含まれている。S5 の日本語能力は N3 から N2 レベルであるが、言語景観への意識が高いことがうかがわれる。

　以上のことから、言語景観へ意識を向ける条件には、ある程度の日本語能力があり、なおかつ、言語形式そのものへの興味、関心を有している必要があるといえる。それでは、言語形式への興味、関心が高かった S5 と S12 にはどのような違いがあるか。言語景観に含まれる言語形式の違いをみることとする。

表5　印象に残った理由（いくつでも選択可）

	よく見た	構図が綺麗だ	日本の大学っぽい	良い印象がある	緊張/怖い	日本的だから	母校にない	言葉や記号が印象的	親しみを感じる	自分の国を思い出す	その他	○の合計（対象者ごと）
S1	○											1
S2	○		○			○						3
S3		○		○			○					3
S4			○	○		○	○					4
S5			○	○			○	○	○		○友人と	6
S6	○			○		○	○	○				5
S6'	○						○				○珍しい	3
S7	○			○		○	○					4
S7'		○	○	○		○	○					5
S8		○	○	○		○	○	○			○(面白い)	7
S9		○	○	○			○	○	○		○	7
S10	○	○		○					○			4
S11	○	○	○	○		○	○	○	○			8
S12	○	○							○			3
○合計（項目ごと）	8	7	7	10	0	7	10	5	5	0	4	

3.3.5　調査結果3─言語景観に含まれる言語形式

　言語景観に含まれる言語形式の内訳をみる。表4において、「よく見た」フォルダ内の「特に印象に残っている」に分類された写真において、短い単位タイプ、文単位タイプが含まれている割合を対象者ごとに示したのが図2である。短い単位タイプは、S1からS4まではほとんど出現しておらず、

S5 から出現がみられる。文単位タイプは S1 から S7 までの間は、S6 を除いて出現がないが、S8 からはすべての対象者の写真に出現がみられている。

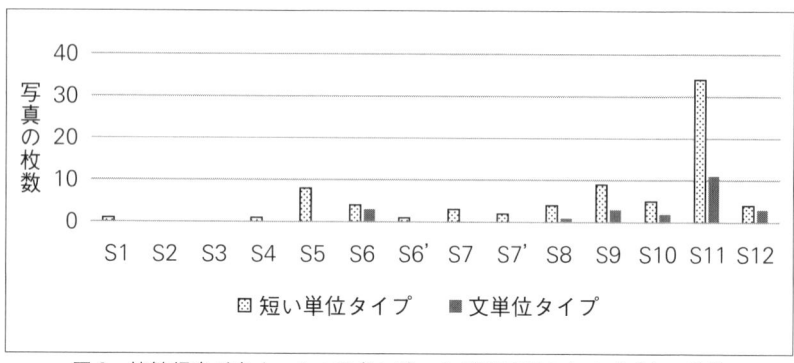

図 2　接触頻度が高く、かつ印象に残った言語景観のタイプごとの枚数

　先の 3.3.4 において、S5、S9、S10、S11、S12 は写真撮影の理由に「言葉や記号が印象的だから」をあげていた。図 2 をみると、S5 が撮影した言語景観には、文単位タイプが含まれていないが、S9、S10、S11、S12 が撮影した言語景観には文単位タイプが含まれており、S5 とそれ以外の 4 名には単位タイプに差があることが分かる。短い単位タイプは写真 3、写真 4 の看板や表示などであり、アフォーダンスの範囲が狭く、レアリアとしての情報も限定されて、直感的に理解しやすい。しかし、文単位タイプは写真 6（フリクションペン禁止の理由）や写真 7（カップ麺の湯きり場所）、写真 8（トイレ内の飲食禁止）のように、場や物のアフォーダンスに対してレアリアの情報が不足することがあるため、背景知識や前提知識を備えていないと表示の理解が難しい場合がある。

　図 2 の単位タイプの違いは、これらのレアリアの難易度の差と日本語能力の関連性の一端を示している可能性がある。

3.3.6　調査結果 4 ―日本語能力の変化と言語景観への意識

　ここまで、言語景観へ意識を向けるためには、ある程度の日本語能力と言語形式への興味、関心が必要であることをみた。

　それでは、日本語能力が向上すると、言語景観への意識は高くなるのであろうか。滞在期間が 2 セメスターに渡った S6 と S7 について、図 1、図 2、表 5 における推移から、言語景観への意識をみることとする。S6 は 2 セメスター目にかけて日本語能力がやや向上し、S7 は明確な向上がみられている。

　S6 については、撮影総枚数は大幅に増えたものの、言語景観が占める割合に大きな変化はみられなかった。また、1 セメスター目にあった文単位タイプが 2 セメスター目にはなくなっており、表 5 でみた撮影理由も 5 つから 3 つに減っていた。対照的に、S7 は両セメスターにおいて文単位タイプはみられなかったが、撮影枚数と撮影理由は 2 セメスター目の方が多くなっていた。これらを言語景観への意識の変化としてみた場合、S6 はやや弱まり、S7 は向上の兆しはみられるが現状維持であり、日本語能力の変化とは緩やかな相関があるようにみられた。言語景観への意識の大きな変化がみられなかったのは、両名とも撮影した理由に「言葉や記号が印象的」を一度も選んでいないことから、教室で学習した日本語が身体的な経験や感覚をともなって定着していない可能性や、滞在期間の長さからくる慣れによって、JSL 環境における言語景観が、ただの景観になってしまった可能性が考えられよう。

3.3.7　調査結果 5 ─ レアリアの認識とアフォーダンス

　言語景観へ意識を向けるには、ある程度の日本語能力と言語形式への興味、関心が必要であること、及び、日本語レベルによって認識する言語形式に差があることを述べてきた。この項では、それらの条件を満たしていたからといって、常に目にするレアリアを理解するわけではないという例を紹介する。

　写真 10、写真 11 は、S10 が撮影したものである。写真 10 は「よく見た」フォルダ、写真 11 は「1、2 回見た」フォルダに分類されたもので、ともに「特に印象に残っている」には分けられなかったものである。

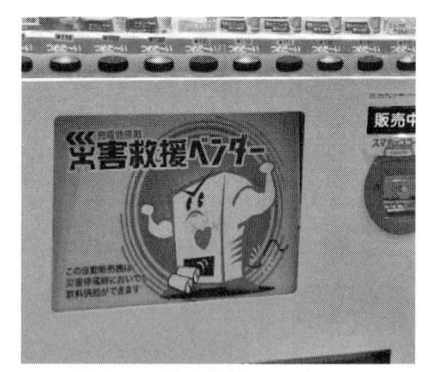

写真 10　自動販売機のブラックコーヒー　　写真 11　災害救援ベンダー

　撮影理由をたずねたところ、S10 はブラックコーヒーを購入して飲むことが登校時の朝のルーティンであったこと、また、写真 11 は調査の際に気づいたため、ということであった。この自動販売機には、他に飲料メーカーのアプリの広告も大きく掲示されているが、撮影フォルダにその広告の写真はなかった。この広告は、購入時にアプリを利用してスタンプを貯めると 1 本無料になるというもので、利用者も多い。そのため、撮影しなかった理由をたずねたところ、S10 は、そのアプリの広告にはまったく気づいていなかったことが分かった。S10 は母校でも習慣的に登校時のルーティンとしてブラックコーヒーを購入して飲んでいたため、留学先のキャンパスにおいても、習慣的に購入しており、もしアプリに気づいていたら利用していた、という回答であった。

　このように視線を向けているにもかかわらず、意味の理解につながらないレアリアは他にもみられた。写真 12 は S12 が「ときどき見た」、「特に印象に残った」に分類したものであるが、S12 は表示されている図柄と説明書きから、バリアフリー、かつジェンダーレスのトイレであることは理解していたが、オストメイトには気づいていなかった。オストメイトの図柄が書かれているのは気づいていたが、オストメイトそのものを知らなかったため、意味があるものと認識していなかったとの回答であった。

　写真 11、写真 12 のケースは、日本語能力が十分に高く、言語形式に興

味、関心がある場合でも、言語景観に埋め込まれている言語形式を読み取らないことを意味している。この 2 つのケースに共通していることは、装置の主たるアフォーダンスが行為者にとって既知のものと思い込んでいることである。主たる機能が既知であるなら、それ以上、レアリアから読み取る必要はないからである。

写真 12　バリアフリートイレ

　このような傾向は、言語景観に限ってみられることではない。キャンパスの構造やシステムは、どの国の大学であれ、概ね共通している。キャンパスのアフォーダンスが既知のものと同様であるなら、それが JSL 環境下であったとしても、共通した機能を備えていると想定されるため、言語景観やレアリアに注意を払わずとも、目標の教室へ行く、生協でお昼ご飯を食べる、というような大まかな行動は達成できる。先の 3.3.2 において、S1 は日本語能力があまり高くなく、言語景観への意識も低かったことをみたが、だからと言って S1 のキャンパスにおける大学生活に大きな支障があったわけではない。フォローアップインタビューの回答からすると、むしろ留学生活を楽しんでいた様子がうかがえた。

　JSL 環境における行為の達成と日本語能力の関連性は、日本語能力が必要条件になる場合もあれば、そうでない場合もある。S10 は、JSL 環境における自動販売機の細かなアフォーダンスの違いには気づかず、同じ商品を購入し続けた。一方、S1 は、JFL 環境と JSL 環境では、キャンパスのアフォーダンスに大きな違いがなかったため、レアリアから情報を得られずとも行動することができた。

　レアリアから情報を得ることに意義を感じなければ、言語景観はただの景観となることが推察される。

3.3.8　調査結果 6 ── レアリアと待遇表現

　本調査を行ったキャンパスでは、サイン計画が徹底され、仕様も統一され

ているため、注意書きの掲示が少なかった。よって、本調査においては、注意書き等における待遇表現に関しては調査項目とせず、撮影されたもののみ、フォローアップインタビューを行った。

　写真 13 は図書館の階段に表示されている注意書きである。この注意書きは、写真の下にあるゲートが不具合によって手動になっていることを注意喚起する表示である。S3 が撮影し、「1、2 回見た」が「特に印象に残った」ではない分類になっていた。「手動」の一言だけでも可能であるように思われるが、写真 13 では「手動です！」と注意喚起の中に丁寧さを感じさせる表現となっている。

写真 13　図書館の階段ゲートの注意書き

　この表示に丁寧さや配慮を感じるかについて S3、及びペアを組んで撮影していた S9 にたずねたところ、両名ともに待遇については何も感じておらず、「手動」でも印象は変わらないとの回答であった。

　写真 14 は、キャンパスの入口に立てかけられていた注意書きである[8]。S4 が撮影し、「よく見た」が、「特に印象に残っている」ではないものに分類された。この看板は、濃いピンクが地の色になっている部分があり、視覚的にも非常に目立つものであったためか、他にも数名が撮影していた。この看板の言語形式においても、強制力は感じるものの、「〜のこと」のような体言止めによる言い切りではなく、「ご遠慮ください」「ご協力ください」となっていた。そこで、この看板から怖い印象を受けたかについても各撮影者にたずねたが、怖い印象を受けたと回答した人はおらず、むしろ看板があることによって感染の危険から守られている安心感を覚えたという回答もあった。

写真 14　入口の看板

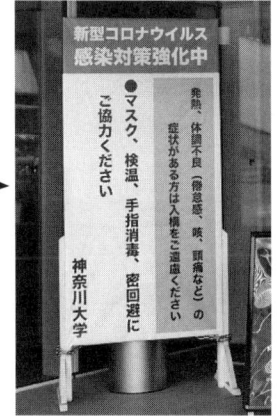

写真 15　14 を拡大したもの

　近年、観光言語における研究から、禁止や注意喚起に用いられる言語形式について、待遇や語用論的な観点から配慮が必要であることが指摘されている。しかし、待遇への配慮と言語形式の簡潔さは相反関係にあるため、待遇表現を入れ込んだ文は長く複雑になり、認識されにくい。フォローアップインタビューの結果からも、このような配慮に留学生が気づくのは難しいようであった。

3.3.9　調査結果 7 ── 言語景観に含まれる音・音声

　撮影した写真の「よく見た」、「特に印象に残った」写真の選定理由について、自由記述欄を設け理由をたずねた。回答は合計で 76 あり、そのうち音・音声に紐づいたコメントは 10 あり、12 名中 8 名が言及していた。コメントの内訳は、エスカレーターやエレベーターの音声ガイドに関するものが 7、チャイムが 1、音楽が 1、音声が 1 であった。また、他に、直接的な言及はないが、静かである、など音がないことへのコメントもあった。チャイムや音声ガイドに関し、フォローアップインタビューで詳しくたずねたところ、概ね「日本らしい」「自分の国にはない」という珍しさによるものであった。エレベーターの中にいるのが友だち同士だけの場合は「ドアが開きます。ご注意ください」のアナウンスを一緒に唱和するなどして楽しんでい

た様子が見受けられた。

　また、写真 16 は、S8 が撮影したエスカレーターの動画のサムネイルである [9]。S8 に渡したカメラには動画撮影機能がついており、特にその機能について説明したわけではないのだが、音声ガイダンスが印象的であったからという理由で主体的に動画が撮影されていた。チャイムを聞くと「あぁ、今、自分は日本の大学にいる」と思う、と答えた対象者もおり、チャイムや音声ガイドは、キャンパスにおける言語景観を印象づける 1 つの要因になっているようであった。

写真 16　エスカレーターの動画（サムネイル）

　現在のところ、言語景観の定義に音・音声を含めているものはほとんどみない。しかし、手話などの音声を伴わないものを除き、本来、言語は音声を伴うものである。近年では、IT インフラストラクチャーの整備が進み、交差点の音響信号機や駅のアナウンスなどの音響案内システムの普及がみられる。これらの情報インフラストラクチャーにかかる技術がキャンパスへ広がり、キャンパスにおけるアフォーダンスとレアリアと結びつけば、学生にとっての常識的な知識になる日が将来的にやってくる可能性もある。今後、言語景観に含まれる言語の定義には、音・音声を含めて考えていくべきではないかと思われる。

4.　まとめ

　本稿では、留学生を取り巻く言語景観は JSL 環境における日本語学習の
レアリアとなり得るか、という疑問に端を発し、言語景観がどのような条件
においてレアリアと認識されるのかについて、調査と考察を行った。調査数
が少ないため、ここでは可能性としての言及にとどまるが、調査の結果か
ら、JSL 環境において、留学生が主体的に言語景観に対して意識を向けるた
めには、日本語能力だけでなく、言語形式への興味、関心、また、語彙や文
構造以外の知識と経験が必要だということが示唆された。他方、なじみのな
い言語景観においては、知識や情報の不足からレアリアの認識や理解に至ら
ない難しさもあることがうかがえた。
　今回の調査においては、数多くの写真から、交換留学生が視覚や聴覚、味
覚などの五感をとおし、大学生活を経験している様子が伝わってきた。身体
を通じて得た知識や情報は、それぞれが有機的に結びつき、深い理解につな
がる。JSL 環境において、この積み重ねを主体的に行って行くことが、レア
リアを豊富にし、日本語の上達につながっていくのではないかと思われた。

謝辞　本研究は、2014 年神奈川大学宮陵会教育研究奨励助成金の助成金の一部
　　　を利用し、研究の過程と結果を得ることができました。ご支援に深く感謝
　　　申し上げます。

注

1)　JFL は、社会で用いられる言語と母語が一致している環境で学ぶ外国語と
　　　しての日本語を指す。
2)　JSL は、日本語以外が母語であり、日本において活動するために運用する
　　　日本語を指す。
3)　手振れや間違いなどによる不鮮明な写真や、長押しなどによると思われる

同一構図・同一アングルによる写真は除外して枚数を数えた。

4）利用頻度が高い建物と建物の移動ルートにある掲示板や看板などの写真が多く見られたが、それらは、それぞれ異なる場所で撮影されていたため、分類にあたっては、複数の施設・場所を含む「その他（移動ルート）」という項目を作った。

5）この誤りについて、筆者はペア B に詫び、ペア B からは寛大な対応を得ることができた。施設管理者には誤りについて報告を行い、改修の手続きが進められている。

6）地域区分にあたっては、国際連合の統計区分を参照した。

7）S8 については、この部分のフォルダが破損してしまったため、分析ができなかった。

8）この看板は、2023 年の撮影時にはあったが、2024 年 8 月現在は撤去されている。

9）エスカレーター、エレベーターの音声ガイドについては、キャンパスがある地区の消防法の定めにしたがい、大学が各施設に設置している。

参考文献

磯野英治 2020『言語景観から学ぶ日本語』大修館書店

李舜炯，甲賀真広 2022「JFL 初級日本語学習者のアクティブラーニングを促す『言語景観調査』の有効性」『日語日文学』第 93 輯，pp. 69–89

岸江信介 2011「看板・標示物にみられる禁止表現の言語景観」『世界の言語景　日本の言語景観　景色のなかのことば』pp. 218–226, 桂書房

庄司博史，P. バックハウス，F. クルマス 2009『日本語の言語景観』三元社

J. J. ギブソン（James J. Gibson）1985『生態学的視覚論―ヒトの知覚世界を探る―』古崎敬，古崎愛子，辻敬一郎，村瀬旻（共訳), サイエンス社

千野栄一 1986『外国語上達法』岩波書店

髙木南欧子 2015「留学生の日本語を支えるレアリアをめぐって」堤正典（編）『ロシア語学と言語教育 V』pp.25–44, 神奈川大学言語研究センター

AATJ 2018 ANNUAL SPRING CONFERENCE, 2018 Spring Conference Program with Abstracts.　URL: https://www.aatj.org/resources/conferences/2018/spring/

AATJ2018SpringConferenceProgramWithAbstracts.pdf（2024 年 9 月参照）

United Nations Statistics Division, Methodology　URL: https://unstats.un.org/unsd/ methodology/m49/（2024 年 9 月参照）

コラム 3

キャンパスの自治と観光の共存
―言語景観に映るアフォーダンスとシグニファイア―

髙木南欧子・佐藤梓

I. 利用者の複層性とシグニファイア

　第3章では、公園施設等の表記から生じる不利益について、不特定多数の多様な利用者と日本語という観点から論考を行い、第6章では、JSL環境下の留学生が、景観を言語景観と認識し得る条件について考察を行った。前者は不特定多数の人々、後者は特定の人々を対象としたが、後者は、近年、地域に開かれた大学が目指され、利用者も複層的になりつつある。しかし、利用者の複層化は、施設のアフォーダンス[1]の差を生み、場の混乱を招く。これを防ぐため、利用可能なエリアや動線などの情報を環境に埋め込み、利用者に伝える仕組みがサインシステムと呼ばれるものである。サインシステムには、建物の利用における動線が視覚的、物理的な形態によって誘導するというシグニファイア[2]の観点が含まれ、言語景観を形成する一部となる。

　メキシコ国立自治大学（UNAM）は、キャンパスが世界文化遺産に登録され、観光地ともなっている珍しい大学である。この多様な属性の人々が往来するキャンパスの言語景観を観察したところ、標識等は基本的にスペイン語のみであるが、サインシステムにおいては、アフォーダンスとシグニファイアが相互に作用し合っているものがみられた。この言語景観の背景について、UNAMにあるENALLT（国立言語言語学翻訳学校）のオスマン・アンスレス先生、及びMediateca（自律学習リソースセンター）の嶋崎明美先生

からお話をうかがう機会が得られた。これらを手がかりとし、UNAM の言語景観について考える。

2. 走行路におけるアフォーダンスとシグニファイア

　UNAM のメインキャンパスがあるシウダ・ウニベルシタリアは約 700 万㎡の広さがあり、東京ドームの約 155.5 倍である。そのため、キャンパスは自転車やオートバイ、自動車が走行する前提で設計されている。

写真 1　Usa casco 　　　　　写真 2　PROHIBIDO MOTOS POR CICLOPISTA
　　　ヘルメット着用 　　　　　　　　自転車専用路につきバイクの走行禁止

　写真 1 と写真 2 は、二輪車の運転手に向け、道路標識柱のような形式で注意を発信している。アフォーダンスの点からみると、走行レーン以外も地続きの平らな場所が広がっているため、二輪車の運転は可能であるが、芝生の上にアスファルトを直線的に敷き、白い線で区切ることでシグニファイアが機能し、動線を誘導している。オスマン先生によれば、シグニファイアを有効に機能させるためには、情報の受け手の視界に入る高さに標識が位置していることが重要であるという。写真 1、写真 2 を見直すと、乗り物の運転手の目線の少し上に文字が来るように設計されていることが分かる。
　写真 4 は、自転車の走行レーンである。この場所は坂になっており、写真の奥側が谷になっている。坂の上に立つと、走行レーンが目線を誘導し、

標識が視界に入る。アフォーダンスとシグニファイアの機能が相互に作用し、言語景観が認識されやすくなっていることが分かる。

写真 3　No uses celular al caminar
　　　　歩行中のスマホ使用禁止
　　　　写真 4 の〇の部分の拡大

写真 4　緑色で区分けされた走行レーン

3.　治安を示す言語景観

　UNAM は近隣の地域のみならず、世界中の観光客にも開かれたキャンパスであるが、キャンパスの安全はどうなっているだろうか。キャンパスを歩くと、写真 5 の白枠にあるような標識柱や、写真 6 のような構内を警備する車両をよく目にした。写真 5 の標識柱には緊急時に通報するための機器が内部に備わっている。危険をあらかじめ視覚的に示すことで防犯意識へつなげ、危険の存在を前提とした仕組みとなっていることが言語景観からうかがえた。

写真 5　EMERGENCIA ／緊急時

写真 6　構内を警備する車両

4.　民族の歴史と自治と観光

　UNAM が世界文化遺産に登録された背景には、メキシコの民族や社会問題が反映された歴史的な建築作品をキャンパスの建造物として有していることが大きい。写真 7 の中央図書館はその代表であり、他に壁画運動当時から残っている建造物などもある。壁画運動は、メキシコ革命後の 1920 年代に起こった啓蒙活動で、革命の意義や民族の自覚を広く国民に訴えたものである。

写真 7　中央図書館　　　　　　写真 8　落書きのあるゴミ箱

　UNAM は、これらの一連の啓蒙活動に深く関わりがあり、大学の名前のとおり自治を尊重する意識が非常に強い。芝生で寝転び、時間をゆっくり過ごす学生がいる一方、図書館や Mediateca で勉強に集中する学生もおり、多様な学びのスタイルが見受けられた。アフォーダンスとシグニファイアの点からみると、建築物の一部である壁を情報発信のツールとして利用し、象徴性のある絵柄を用いて、国民に志向の方向性を示すものとなっている。壁画運動の作品群は、現在ではスペイン語を解さない世界中の観光客にもメッセージを届ける観光資源ともなっており、時代を経ても力を持ち続けているという点でも意義深い。

　写真 8 は、キャンパスに設定されたゴミ箱の写真であるが、このような落書きは、他にも壁などにみられた。観光地の景観保全という点からみれ

ば、消されそうなものだが、オスマン先生に確認したところ、落書きも表現の一つとして尊重されなければならないため、消去しないことも多いということであった。思考の発信と自治、及びその継続について考えさせられる言語景観であった。

5.　マナーへの注意喚起と言語形式

標識に用いられているスペイン語は簡潔なものが多かったが、文単位で説明書きが添えられているものもあった。写真 9 は、ゴミに関する注意で、「FAVOR DE TIRAR LA BASURA DENTRO DE LOS CONTENEDORES. CONSERVA LIMPIA TU UNIVERSIDAD（ゴミはゴミ箱に捨ててください。大学内を清潔に保つこと）」、写真 10 は「MANTÉN SUJETA A TU MASCOTA Y RECOGE SUS DESECHOS（ペットをリードにつなぎ、排泄物を処理すること）」という内容が書かれている。写真 1 から写真 5 は、主に大学関係者へ向けたものと思われるが、写真 9、写真 10 は内容から、外部からの訪問者も念頭に置かれた表示だと推測できる。標識における文字数の多さは、情報を発信する側と受ける側の間における情報の共有度を示す基準の一つである可能性があると言えるかもしれない。

写真 9　ゴミに関する注意　　　　写真 10　ペットに関する注意

6.　まとめ

　このように、UNAM においては、場のアフォーダンスとシグニファイア
が有効に機能し、利用者が動線や案内を直感的に把握ができるサインシステ
ムになっていることが分かった。

　サインシステムによる誘導や案内は、他の多くのキャンパスにおいても有
効に機能するであろう。それは、第 6 章でみたように、現地の言語を理解
せずとも大学生活を送る一助となり得る。しかしながら、留学の意義や外国
語の学習という観点からみた場合は、別の問題である。優れたシグニファイ
アは、言語景観そのものへの好奇心や関心の低下を招く可能性があるため
だ。

　他方、第 3 章でふれた一言語のみの案内から生じる不利益という観点に
おいても、課題がないわけではない。スペイン語のみの表示は、メキシコの
他の公園施設等においても多く見られた。スペイン語が理解できない人への
情報伝達という点については、さらなる調査や分析が必要である。

　交通技術や通信網の発達により、人々の移動は簡便になり、活発になって
きた。不特定多数の多様な利用者をどのように受け入れ、内在させていくの
か、言語景観はその志向を映す一つの鏡になっていると言えるのではないだ
ろうか。

注

1 ）　「アフォーダンス理論」は、心理学者のギブソンが提唱したもので、物の
　　用途がユーザーの環境と物の特性との関係から導かれることを説明したも
　　のである。詳しくは第 6 章に説明がある。

2 ）　「シグニファイア」は、認知科学者のノーマンが唱えたもので、物の持つ
　　性質が人に行動のヒントを伝えるというものである。例えば、矢印や色は
　　動線を示している。

第4部

言語景観・公共サインの
もつ意味を考える

第7章

アジアの観光都市に見る
英語サインの役割

鈴木幸子

要旨

国際的観光地に設置されている多言語案内サインは、観光者が言語や文化の異なる国で支障なく目的地に到達し、希望する観光行動を達成するためには欠くことのできない視覚情報である。アジアの国々で目にする案内表示は、その国の公用語に加えてその言葉の説明として英語が併記されていることが一般的である。一方、英語圏のほとんどの国では、案内表示は英語のみで記されていることが多く、またヨーロッパの国々で目にする案内板にも公用語に英語が併記されているケースは少ない。本稿ではアジアの国々で公用語の次に付されるのがなぜ英語であるのか、その役割は何なのかを明らかにするために、観光大国であるシンガポール、タイ、ベトナム、韓国の観光地における多言語表示のデータを収集し、分析を試みた。結果として、ASEAN の国々の英語使用には、歴史的境遇がもたらした外的要因と国際的な地位の確立という役割が確認された。また、日本における英語使用について、ポライトネス理論、およびホスピタリティの概念との関連性から、今後の観光アクセシビリティの向上に役立てる方策を考察した。

キーワード

観光アクセシビリティ、アクセシブル・ツーリズム、英語案内サイン、ポライトネス理論、ホスピタリティ

I. はじめに

　世界観光機関（UNWTO）の発表によると、2023 年の国際観光客到着数は 13 億人に達し、2024 年の観光回復を予測させる数字となった。観光は、世界情勢や政治的環境、自然環境に対しては脆弱な面を持つが、長期的に見れば強い回復力を有する分野であると言える。世界中を震撼させた新型コロナウィルスによるパンデミックがもたらした「隔離」体験は、収束に向かい始めた 2022 年中盤以後、観光に対する強いプッシュ要因[1]ともなり、国際観光は堅調な回復を見せた。そして、2024 年の国際観光は、パンデミック以前の水準に戻る勢いである。多様な言語や文化背景を持つ観光者が異郷の地で支障なく希望する行動がとれるようにするためには、言語情報が必須である。観光者が訪れる国の案内表示は、それぞれの国の言語で表記されており、その説明として併記されているのは英語が中心である。日本では英語の他に中国語や韓国語が併記されるのが一般的になっており、訪日観光者の 6 割を占める中国語と韓国語の母語話者にとっては利便性が高くなっている。

　調査を実施したアジアの観光国のうち、シンガポール、タイ、そしてベトナムは世界の観光客到着数の 30 位以内にランクされている人気の旅行先である。これらアジアの観光大国における多言語環境での言語情報発信ツールとしてのサイン、特に英語サインの役割は、日本での役割とは異なっているように見える。また、日本における案内表示の背景にはポライトネス理論やホスピタリティの概念が存在していると考えられるが、同じアジアに属する、そして、英語を自国語としない国々で使用されている英語サインにそのような概念が表れているかについては疑問が残る。本稿では英語案内サインの役割をいくつかの異なる視点から分析し、今後のあり方を考察する。

2.　観光コミュニケーションと観光アクセシビリティ

2.1　コミュニケーションを成立させるコード

　「ヒトの移動」なくして観光行動は成立しないが、「ヒトの移動」はモノ、財、知識、そして言語と緊密な関係を持つ。観光者は移動する過程において、ある場所に対して意味を見出す。しかし、その場所の定住者がその場所に対して抱く意味は、観光者のそれとはまったく異なり、そこに「ずれ」が生じる。そのずれを感じ取り消費する営みが観光であり、そこに何らかの価値を生み出す行為が観光の本質である。遠藤は、このような価値を「観光コミュニケーション」と呼んでいる（須藤、遠藤、高岡、松本 2022）。

　「観光コミュニケーション」を可能にする要素の一つが情報であるが、情報は「コード」によって表現され発信される。コードは「メッセージを解釈する際に前提とされる規則や取り決め」（塙 2022）であり、記述されるシンボル、記号体系や言語表現の背景に存在する文化も含まれる。コードが理解できなければその言語で表現されている意味を理解することができない。したがって、外国人観光者が異郷の地で的確な情報を入手するために、言語というコードは重要な役割を果たす。

　日本における情報発信に関して、観光庁が 2023 年に実施した「訪日外国人受け入れ環境の調査[2)]」では、「言語表示の少なさ・分かりにくさ」に関して 2018 年の 16.4% から 2023 年の 13.4% と改善が認められる。近年、中心となる都市部観光地はもとより地方の観光地でも、多言語表示について改善が進んでいる。訪問観光者の数によって多言語表示の順番が異なることがあるが、日本語、英語、中国語（簡体字・繁体字）、韓国語の 4 言語表示が主流となってきている。これは、2002 年の観光立国宣言以来、日本政府が観光分野における多言語対応の取り組みに力を入れてきたことの成果であると言える。

　調査対象の 4 ヶ国のうち、シンガポールとソウルでは一般的な公共の場や観光スポットに多言語表示が設置されている。一方、ベトナムとタイでは

自国語のみのサイン、または英語が併記されたサインがほとんどである。補助的に付加されているもう一つのコードとしての英語は、公用語のコードを理解しない観光者にとって情報伝達の役割をどの程度果たしているのだろうか。

2.2　観光アクセシビリティ

　アクセシビリティは、本来は IT 用語であるが、本稿で使用する「観光アクセシビリティ」とは、観光情報の入手を可能にし、観光者が不安や困難に遭遇することなく希望する訪問地に到達し、体験したいことができる、つまり「観光を実現すること」を意味する。近年、誰もが観光に参加できるユニバーサル・ツーリズム（世界観光機関が使用するアクセシブル・ツーリズムという言葉と同義）という観光形態が認知されつつある。これは、障がいを持つ人や高齢者など移動やコミュニケーションにおける困難に直面する人々のニーズに応えながら、誰もが観光を楽しめることを目指す取り組みを基本にした観光形態を指す。これには、身体的、精神的な障壁に直面する人へのサポートの提供のみならず、現地の言葉を理解できない外国人観光者のニーズに応えることも含まれる。日本政府観光局（JNTO）は、「訪日外国人が独り歩きできる」[3] ための情報発信を重要視しており、案内表示の拡充を図ってきた。外国人観光者のすべての母語を表示することは不可能であり、絶対的なアクセシブル・ツーリズムは実現できないが、表示における英語使用がアクセシビリティに貢献していることは確かである。一方、訪日外国人の60％以上を占める韓国、中国、台湾からの旅行者[4] は、英語の母語話者ではない。そして、日本在住の外国人にとって簡単な日本語のほうが英語より理解しやすいという調査結果（本田 2017）も踏まえ、案内表示の英語偏重に対する議論も少なからずある。しかし、本稿で取り上げるアジアの観光都市においても自国語と英語での表記が中心であることから、アジアに限って言えば、どの国も英語を重要視していることは明白である。

　調査対象国の観光推進を担当する公式部署（シンガポール政府観光局、タイ国政府観光庁、ベトナム国家観光局、韓国観光公社）[5] の観光施策には、

日本の観光庁や東京都が提示しているような観光に関する言語施策[6]が明記されておらず、観光空間で使用される言語については国の言語政策や施策に準じている。中でも、シンガポール、タイ、ベトナムの 3 か国はその経済が観光に大きく依存し、GDP に占める観光産業の割合が非常に大きい[7]にもかかわらず、観光言語施策が示されないのには理由があるのだろうか。日本においては、言語情報発信ツールとしての英語サインは観光アクセシビリティに資する役割があるとして重要視されているが、これらの国々における英語サインの役割は日本と比較して異なる面を持っているように見える。したがって、以下ではアジアの国々の英語サインの役割について検討する。

3.　アジアの国際観光都市における英語サインの現状

3.1　英語の国際的普及の影響

　現在、世界では 1 年間に 14 億人もの人間が国境を超えて移動する。英語は異郷の地におけるコミュニケーションツールの一つとして重要視されている。グローバル化が進んでいる現代の観光地は様々な人種、国籍、民族や文化背景を持つ人々が交差する空間を形成しており、情報伝達のために国際言語として認識されている英語が使用される場合が多い。

　世界で英語を実用レベルで使用している人口は約 15 億人いると言われ、世界の全人口に対して約 21％に及ぶ。Kashu（1985）の定義を参考にすると、英語を公用語・第二言語として制度化した非英語母語話者の国は、Outer Circle に分類され、英語を母語、公用語としている英語圏の国々は Inner Circle に分類される。また、日本やタイなど英語を国際言語として使用している国々は、Expanding Circle に属する。英語は脱英米化を果たし、Outer Circle および Expanding Circle の非英語母語話者間で使用される共通語（World Englishes とも呼ばれる）として認識されている。

　また、現在のインターネット人口は 41 億 6 千万人であるとされ、そのうち 10 億 5 千万人が英語話者であるとの調査もある[8]。情報は時間の経過と

共に価値が低下していくため、即時性のあるインターネットは現代で不可欠なツールである。情報が英語で修築されている様々な学術・研究分野においては、情報獲得の遅れは致命的な影響を与えるため、最新情報を得るためには英語で情報収集する必要があり、バイオテクノロジー、インフォメーション・コミュニケーション・テクノロジーなどの分野では特に英語で入手せざるを得ないのが現状である[9]。したがって、World Englishes が国際言語であるという認識と英語至上主義がアジアの言語表示に与えている影響は大きいと考えられる。

3.2　ASEAN の影響

　地域国家連合である ASEAN（東南アジア諸国連合）は、ブルネイ、カンボジア、ラオス、マレーシア、ミャンマー、フィリピン、シンガポール、タイ、ベトナムの東南アジア 10 か国で構成されている。これらの国々では、多様な言語や文化が存在するが、1967 年の設立以来、組織運営のすべてを共通言語としての英語で行い、国際会議の場でも英語が使用されてきた。そして、1997 年には中国、日本、韓国で構成される ASEAN＋3 が誕生し、現在はインド、オーストラリア、ニュージーランドを加えた ASEAN＋6 となり、政治、経済、安全保障の要として活動を行っている。

　ASEAN では、明文化はされていないが、設立当初から英語が共通言語であるという認識が存在している。そのため、本研究の対象調査地である ASEAN 加盟国のタイ、ベトナム、シンガポールにおける案内サインにおいて、自国の公用語の他に英語を使用するということは、「当然」であるという前提が存在していると考えられる。奥平（2004）は、ASEAN に存在している「英語感」について、「ASEAN 諸国は各自の言語に誇りを持っているが、ASEAN 設立当初から英語が共通言語であるという認識があり、機構内の英語使用が当然のことという前提に立って運営されていた」との認識に至った要因として、外在的・内在的要因の両方を挙げた。外在的要因は、「歴史的な境遇とそれによってもたらされた英語の機能であり、英米諸国の支配下にあった国々も西洋列強による植民地支配を受けた国々も、英語が国

家発展と国際関係構築のための言語となった」ことであるとし、その一方
で、内在的要因としては、ASEAN の公用語が不文律の了解により英語に統
一されたことを指摘した。

　ASEAN 加盟国であるこれらの三か国は、それぞれ異なる歴史的変遷をた
どったが、多くの地域言語が存在する地域において、公用語の他に英語で公
共表示が設置されている。これは、外国人訪問者向けというだけでなく、国
内外のすべての人のためであり、それが当然であるという認識のためであ
る。もちろん観光スポットに設置されている情報サインについては、外国人
観光者への対応という認識があると考えられる。しかし、英語を併記する理
由は、英語母語話者のためというだけではなく、英語が世界の共通語との理
解があるからであり、観光分野においても情報伝達の道具としての案内サイ
ンに使用する第二のコードは当然英語であるという認識がそこにあるためで
ある。

3.3　調査対象地における英語案内サイン

　ユーロモニターインターナショナルが 2023 年の最も訪れたい世界の都市
の上位 20 位 [10] を発表した。この表によれば、東京が 4 位、シンガポールが
11 位、ソウルが 14 位にランクインしている。新型コロナウィルス感染拡大
で大打撃を受けた 2020 年以前、国際観光は成長し続けていた。2019 年の国
際観光収入額は、アジアでは日本が 7 位、韓国が 18 位、シンガポールが 21
位、ベトナムが 31 位となり、調査対象国・地域において、観光は国の基幹
産業として認識されていた。

　筆者は、これら観光大国の都市であるシンガポール（2023 年 3 月）、タイ
のバンコク（2023 年 8 月）、ベトナムのダナンとホーチミンシティ（2023 年
9 月）、それに韓国のソウル（2024 年 2 月）の 4 都市にて調査を実施し、英
語案内サインが言語景観（公共の空間で可視化される文字言語であり、不特
定多数の受け手に向けて発せられるもの）においてどのような役割を果たし
ているのかを考察するための資料を収集した。

　言語景観という分野は、公的な場で目にする表示について研究するもので

ある。その概念は 1997 年に Landry & Bourhis[11] によって提唱され、近年研究成果が著しい。ロング＆斎藤（2022）のように、言語景観を「周りの看板類の性質によって当該地域の住民が生活する空間がどのように形成されているか、という社会言語学的・社会心理学的現象」と捉え地域の特性を明らかにする研究や、社会的変化を通時的に捉えている研究（庄司 2009）、言語景観で目にする表示を表示製作者が行政などの公的機関である公共表示（top-down）と商業施設など業者が製作する民間表示（bottom-up）に分類した研究（Backhaus 2007）などがある。

　また、Landry と Bourhis は、言語景観にはインフォメーショナル機能—情報を伝える機能—とシンボリック機能—何かを象徴する機能—の二つがあるとした。本稿では、これらの機能を特に分けず、言語景観を創りだしているサインに公用語と英語が併記され、そのことがどのような役割を果たしているのか、また言語とポライトネス概念との関係性という点に焦点を当てて考察する。Landry と Bourhis（1997）の言語景観の定義に「公共と商業サイン」という言葉が使用されているため、筆者もサインという言葉を使用する。

3.3.1　シンガポール

　シンガポールは 1965 年の独立以来、4 言語が公用語として憲法に定められている。したがって、公共表示は英語、中国語、マレー語、タミル語の 4 言語で表記されている。しかし、すべての表示がこれらの 4 言語で記載されているわけではなく、これは Lee（2020）によるシンガポールの言語景観研究でも明らかにされている。例えば、空港の古いと思われる標識は英語、中国語、マレー語、それに日本語の対応がなされていることが多い（写真 1）が、比較的新しい標識は公用語の 4 言語＋日本語の 5 言語で設置されている（写真 2）。また、街の中心街・観光スポットや鉄道の駅構内の表示では、英語のみ、マレー語と英語、中国語と英語といった組み合わせ（写真 3、4）も多く見受けられる。それ以外の街中の道路標識や注意書き等は、英語のみの表示（写真 5、6）が一般的である。また、危険を知らせる表示は人の命にかかわることであり、多くの人に分かりやすくする必要があるため、4 言語で示されている（写真 7）。

写真 1　チャンギ国際空港 2023

写真 2　チャンギ国際空港 2023

写真 3　地下鉄駅の表示 2023

写真 4　MRT 地下鉄駅の表示 2023

写真 5　Gardens by the Bay 案内表示

写真 6　市内　禁止表示

写真 7　市内　注意喚起表示

　シンガポールは多民族国家であり、「言語的に言えば、中華系、マレー系、タミル系の 3 大民族集団と、そのそれぞれが持つ多くの方言共同体から構成されている」(祖慶 2005, p. 66)。チャイナタウンやリトルインディア、アラブストリートなどのエスニックコミュニティ内では、それぞれのグループの言語である中国語、タミル語、アラビア語の看板が目立ち、それと共に英語が併記されているケースが多い。以前はシンガポール独自の話し言葉で使われる英語である Singlish (Singaporean English) を話していた家庭が多かった。しかし、2012 年以来政府が推進している「Speak Good English Movement」により、Singlish ではなく国際的に通じる英語 (政府は英国の標準英語を推奨している) のほうが受け入れられているためか、Singlish での表記を街中で見かけることがなく英語表記のみの案内が多いのも政府の方針によるものと考える。

3.3.2　バンコク

　タイでは、英語は習熟すべき外国語として認知されているが、全国共通の公用語としては標準タイ語が使用されており、全人口の約 9 割がタイ語を話す。タイには大きく分けて 4 つの地方方言と 60 以上の少数民族の方言がある (本名 2002)。またバンコクは中華系の人々が多く暮らす都市でもあり、チャイナタウンとして知られるヤラワート通りでは中華系住民の生活の利便を図るための中国語サインが多く見られる。バンコク市内の典型的な観光スポットでは、中国人や日本人観光客への対応と思われるサインがあるが (写真 8)、市民の生活の場で見かけることは少ない (写真 9、10)。バンコクは世界的な観光都市であり、市内の中心地や世界遺産のアユタヤなど近隣の観光名所では、タイ語に加え英語の解説対応がなされている。加えて、アユタヤではタイ語、英語と並んで日本語の表示が多く見られる (写真 11)。これは近年増加している中国人観光客が来る以前から多くの日本人観光客がタイを訪れていたことを示している。公共交通機関は、地下鉄 (MRT) とモノレール (BTS) がある。切符の自動販売機には英語選択が設定されており、外国人訪問客の利便性を図るという意図が窺える。タイ在住経験のある筆者

の知人のビジネスマンによると、タイの官僚には英語圏の国々への留学経験者が多く、英語を自由に使うことのできる役人が少なくない。そのため、訪タイ外国人に対する必要な表示は、公用語と英語で設置するという考え方が根付いていると考えられる。ただし、英語教育が盛んであるにもかかわらず、ホテルなどの観光関連施設以外では英語が通じないことも多い。

写真 8　市内　案内表示 2023

写真 9　市内　注意表示

写真 10　市内　案内表示

写真 11　アユタヤ　観光資源の解説

写真 12　スワナプール国際空港　案内表示

　タイの言語景観に関する研究を行った Huebner（2006）は、バンコク郊外の 15 地区に存在する公的表示物と商業表示物について調査し、公共表示物はタイ語、またはタイ語と英語の併記が主であるが、商業施設の私的表示にはタイ語と英語の併記か英語単一表記など統一されていないと報告した。

筆者はこの研究から 17 年後の状況について調査したが、ほぼ同様の結果が得られた。ただし、空港においてタイ語、英語、中国語の案内表記が中心であったことは、タイ政府の観光振興の意識の表れが窺える（写真 12）。また、タイ・プーケット島の言語景観分析を行った山川（2011）は、リゾート地のプーケット島では時に商業的表示にドイツ語、フランス語、スウェーデン語、イタリア語、ロシア語などが使用されており、その地を訪れる観光者の背景の多様性を表す一方で、バンコクでは英語が主流であることを報告した。また、タイでは文字、商標やロゴ等を、利益を得るために表示する場合には看板税を支払う義務があるため、これもタイの言語景観にタイ語が目立つ理由であると考えられる。

3.3.3　ダナン、ホーチミンシティ

　ベトナムでは、フランスの植民地時代（1887–1945）にフランス語が公用語となり、社会的にもフランス語が大きな影響力を持っていた。その後のベトナム民主主義共和国の時代には、ソ連から物的人的資源開発の援助を受けていたため、ロシア語の影響力を強く受けた。しかし、1986 年に導入されたドイモイ政策により、外国からの直接投資と外国商品や外国人が入ってくるようになり、国際的な場で使用される言語である英語が多用されるようになった。そして、ASEAN への加盟を控えた 1994 年、政府は公務員に英語の学習を義務付ける指令を出した。また 2011 年からは、小学校における第一外国語の学習を 3 年次から始めると定め、ほとんどの小学校での第一外国語は英語となっている。これを反映してか、現地の観光ガイドによれば、ベトナムでは英語教育は必須との意識が強いようである。英語を習得することで就職できる企業・職種の幅が広がるため、親は子どもの英語教育に熱心である。ハノイの商業施設や地域住民へのインタビューを基にした、ベトナム語に対するイデオロギー感覚やドイモイ政策後の若い世代の英語への感覚についての研究結果（Tran 2021）からも英語に対する意識が大きいことが確認された。

　リゾート地であるダナンの韓国系コミュニティではベトナム語、英語、韓

国語（写真 13）、または韓国語と英語の併記に加えて、韓国語のみの表示が目立った。これは、ダナン観光協会の発表 [12] が示すように韓国企業の投資が増加しており、韓国人が仕事を求めてダナン市に定住するようになったことと、ダナンから韓国各地へ直行便ルートが続々と開設されており、韓国からの観光客が多いことが関連している。また、世界遺産のミーソン遺跡ではベトナム語と英語で表記がなされている一方で、ホイアン旧市街では、その歴史的な名残りとしてベトナム語と共に英語、中国語、日本語で書かれた看板等が見られた。

写真 13　ダナン市内　商業表示 2023

写真 14　ホイアン　貿易博物館 2023

　ホーチミンシティの言語景観の特徴としては、博物館や美術館では主に、英語のみか、ベトナム語と英語の表記がなされている（写真 14、15）。一方、フランス語はほとんど見かけなかったが、歴史的転換の舞台となった統一会堂（旧大統領官邸）ではフランス語、ベトナム語、英語での説明書きが設置されていた（写真 16）。

写真 15　ホーチミンシティ
　　　　戦争博物館

写真 16　統一会堂　解説表示

3.3.4　ソウル

　韓国では教育に対する意識が高く、英語はマスターすべき国際言語として受け入れられている [13]。英語教育は初等・中等教育のカリキュラムに取り入れられており、個人の英語教育熱も高い。ソウル市内の案内サインは、韓国語と英語の表記にほぼ統一されているが（写真 17）、韓国語のみの表示、韓国語、英語、中国語の 3 か国語表示、またはそれに日本語が加えられた 4 か国語表示の場所が混在している。日本語表記が多く見られ、両国の歴史的関係性の深さが見て取れる（写真 18、19、20）。韓国済州島における言語景観の調査（高、温、藤田 2015）でも同様に多言語表示と単言語表示が混在しており、多言語表示は韓国語、英語、日本語、中国語の 4 言語表示が一般的であるとの結果が報告されている。

　Lawrence（2012）によるソウルの言語景観調査の結果からは、南大門市場など商業地域では英語と Konglish（Korean + English、韓国式英語）とが混じり合った表示が目立つことが指摘された。言語景観のシンボリック機能が表れており、消費者を惹きつけるために英語が使用されている。また、主要道路では多くの英語サインが見受けられたが、横道に入ると英語の量が極端に減ることもデータから明らかであった。

写真 17　市内商業地　2024

写真 18　市内地下道

写真 19　市内商業地

写真 20　地下鉄駅　案内表示

3.3.5　空港、その他の地域

　観光で訪れる人々を最初に迎え入れる場所である国際空港の表示には国の言語方針が表れる。英語圏の空港では案内表示は英語のみであることが一般的である。一方、カナダのバンクーバー空港では公用語の英語とフランス語に加えて、中国語が添えられている（写真 21）。これは、中国からの移民の数が多いことを反映している。

写真 21　バンクーバー空港　2018

　アジアの国々においては公用語に併記される第二のコードは英語であり、次に記される言語は到着数の多い訪問者の母語である。英語の役割は、公用語で記載された情報内容を理解できない人にその内容を伝えることにある。もちろん英語を理解できない人々もいると考えられる。しかし、それでも英語が必ず使用されるのは、前述のように、特に ASEAN の国々には英語が国際的な共通言語であるという強い認識があるためである。また、これらの

国々の観光政策において言語に関する方針が明確にされていないのは、英語は対外的に発信する情報の伝達ツールであり、英語表示をすることによって国際都市として発展を遂げていることを世界に知らしめ、国際社会での地位向上と発言力を高める目的もあるのではないかと考える。一方、街の商業地域の店舗などで英語を使用するのは、シンボリック機能を求めてのことだと思われる。例えば、マレーシアでは店舗で使用する言語が条例で明確に規定されている。Mansoor（2023）は、看板用にマレー語に併記される言語として英語を使用する場合、フォントが顧客を惹きつけるためにマレー語と同じサイズになっており、シンボリック機能が強調されていると論述する。

　東京の言語景観の多言語化についての研究で、バックハウス（2011, p.126）は、英語テキストが果たす二つの機能について述べている。英語の併記が日本語文の翻訳である場合は、その英語は付加的な役割を果たしており、英語の併記が日本語文と無関係な内容である場合、その英語は補足的な役割を果たしていると指摘した。例えば、「もえるゴミ」の下方に「SAVE THE EARTH」と書かれたごみ箱表示がある。この英語は日本語を理解できない人には役に立たず、日本人に向けたメッセージであるとした。しかし、このような例はまれであり、調査対象国のサインにおいてこのような表示を見つけることができなかった。ただし、命令文を和らげるような文が付加的に添えられているケースやポジティブなメッセージとして発信されているケースは多く見られた。

3.4　ポライトネス・ストラテジーとの関連性

　英語サインとポライトネスの概念の関連性に触れた研究がいくつかある。このポライトネス理論は、1987 年に Brown & Levinson によって提唱された。ポライトネスとは英語の polite の丁寧という意味ではなく、対人コミュニケーションにおける「実際の言語使用における機能を重視したもの」[14]を意味し、Face（フェイス）という概念が中心となる。フェイスという概念には他者に受け入れられたいとするポジティブフェイスと、他者に邪魔されたくない・踏み込まれたくないとするネガティブフェイスという二側面がある。

　Brown & Levinson のポライトネス理論は対面コミュニケーションにおけ
る二者間の感情について研究したものである。日本語研究では語用論の分野
で談話分析における敬語とポライトネスとの関係性についての研究成果が多
い。日本人の持つ敬語の概念は、不特定多数に向けて作成された案内サイ
ンにも顕著に表れている。そして、日本語と共に付される多言語案内サイ
ンの中で、日本語がそのまま翻訳された英語表現には日本語の持つポライ
トネスの観念が意識せずとも表れる。例えば、禁止表現の「Don't ＋動詞の
原形」を使った命令文において、Please が多用されていることがよく指摘さ
れる（本田 2017、小林・田代 2019）。これは相手への負荷を緩和することで
フェイス威嚇を減ずるポライトネス・ストラテジーである（Leech 2014、田
中 2020）。

　ポライトネス理論はいくつかの視点から批判もされている（田中 2020）。
例えば、フェイスの概念は文化によって異なるため、その普遍性に関する点
が特にアジアの非西洋言語には当てはまらないのではないかという批判など
である。アジアの文化において、個人の権利よりもグループ内の調和や相対
的な地位が重要視されるため、ポライトネス理論の適用には限界がある。井
出（2006）は、日本語には「わきまえ」という考えがあり、わきまえは個人
のストラテジーというよりも、社会で求められているものであると指摘し
た。禁止サインや警告サインは危険防止や社会的常識を背景とし、直接的
表現を用いることもできるが、実際は日本人の敬語感覚が配慮として表れ、
「あいまい」表現が多く見られ、岸江（2011）によると、「〜ご遠慮ください」
「〜ないでください」などの表現が多く見られた。英語と日本語のポライト
ネスの比較に関して、警告や禁止機能の表現に焦点を当てて比較した研究結
果から、英語表現が直接的であること、そして日本語では表現をあいまいに
してフェイスの侵害を回避するような言い回しをすることが明らかになっ
た。交通標識の日米比較を論じた峰（2008）は、「ほのめかし」表現につい
て言及し、対人的な顧慮をしない例として交通標識を挙げ、そのような場合
でも日本語は「ほのめかし」表現を用いていると論及した。日本語は「禁
止」とだけ表現して「〜してはいけない」という意味をほのめかす間接表現

を用いるが、英語では禁止でも命令でも直接的な「～せよ」「～するな」という表現を用いる。日本語表記にあいまいな表現が使われる理由として「禁止は情報の受け手にとって不利益になることを要請し、命令はたとえ煩わしいことでも利益になることを要請している。利益になることははっきりと表現し、相手の不利益になることは間接的な表現になる」と述べた。

　Nishijima（2014）は、日本語、英語、ドイツ語を比較し、ポライトネスがどのように、またどのような状況で意識されるかについて考究した。そして、それぞれの言語が好むポライトネス・スタイルがあること、サインがどこに設置されるか、またコミュニケーションに関係する当事者によって異なるという結果を得た。また公共性の高い場所ではサインの内容がより明確な表現を用い、そして丁寧表現を使用しないこと、反対に当事者の関係性において個人的な場所ではより丁寧表現が使用され、明示的表現度が低くなると結論付け、ドイツ語、日本語だけでなく英語表現にもポライトネスが反映されることを明らかにした。

　日本では社会的規範や社会的に望ましいとされる禁止は「言語のポライトネス」に関連性があると考えられる。アジアの国々の英語を含む禁止サインの写真データから、直接表現に "please" を付加したケースも見受けられるが、その頻度は日本の同様のサインより少なく、峰（2008）が言うように「受け手の利益になる」ため、直接表現が多く見られた。

　多言語表示における表現内容が間違っているとの指摘は、多く見受けられ、意味が不明瞭な英語表現や語彙、文法的に間違った文章などが指摘されている（森下 2021）。ポライトネスの観点から考えれば、受け手は、文法的に適切でない表現に対しては、発信者のコミュニケーションを成立させようとする意志を感じられないばかりでなく、距離を取りたいというネガティブフェイスを感じてしまうと考えられる。そして、このような表現では、フェイスを脅かさないように特定の行動へ誘導するという目的を達成できないと考えられる。調査対象地において英語の禁止・警告表現を見てみると、日本の英語サインで使用される「～禁止」と同様に「No- 動名詞」形態が多く見られた。一方、依頼的な内容の場合、丁寧表現が使用されており、命令形に

よる依頼内容であるものの、その強制感を和らげる表現が付け加えられてい
る。例えば、シンガポールでは "Thank you for not…" "Show your care, offer
your seat"、タイでは "MRT kindly request…" など丁寧度の高い表現で依頼の
内容を伝えていた。ベトナムのミーソン遺跡ではウィットに富んだ表現がな
され、ホイアンでは喫煙禁止のサインの代わりに "Smoke free" という前向
きな表現が使われるなど、その国々で特徴のある表現で禁止事項が伝えられ
ていた（写真 22、23、24）。

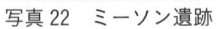

写真 22　ミーソン遺跡　　写真 23　バンコク市内　　写真 24　ホイアン

　教科書的な画一表現が使用されている理由として、アジアの国々にとっ
て、英語は母語ではなく、学習によって習得する言語であることが考えられ
る。また、正しい文法が使われていることが多い公共表示とは異なり、民間
表示では文法が間違っていたり、語彙が標準的なものとは異なっていたりす
るケースが目についた（写真 25、26、27、28）。

写真 25・26　バンコク市内　　　　　写真 27　ソウル地下鉄駅　　写真 28　谷中

4. 観光アクセシビリティの向上のために

4.1 英語案内サインとホスピタリティ

　日本の英語サインには情報の受け手のフェイスを守るという配慮が窺える。それと同時に、この配慮はホスピタリティの概念が言語による観光アクセシビリティの向上に役立っていると考えられる。「ホスピタリティ」とは、「心のこもったもてなし」や「歓待の精神」という意味から、一般的に接客面での「もてなし」として捉えられることが多い。しかし、この概念は、広くは人と社会、人と自然などの関係においても成立するものである。その語源は、ラテン語の客人などの保護—Hospics という語から来ており、Hospital、Hospice、Hospitality へと発展したことはよく知られている。このホスピタリティという言葉は、日本語のもてなしと同義とされることがあり、山上（2008）は「茶道のもてなしの精神は、慈悲・慈善の心を持って巡礼者の世話をする教会や寺院のホスピタリティ精神と似ている。起源時においては、同義的であると言える」と述べている。茶道文化の特色である丁寧で礼儀を重んじるもてなしの精神は、相手のフェイスを脅かさないというポライトネス・ストラテジーに通じるところがある。また、ホスピタリティマインドとは、人を安心させる効果や心をほぐす効果への配慮であり、自分が行動することで相手がどれだけ便利に行動できるのかを考えて実際に手を差し伸べることである。そこに他人に対する尊敬の念を持ってもてなすことを指す日本的ホスピタリティとの関連性を見ることができる。外国語での表示を考案する際に、他人に対して敬意を払うというポライトネスの概念に鑑み、的確な表現を使用し、伝わることに重きを置いた表現を考えることができれば、外国人観光客が安全に、そして快適に日本国内での旅行を楽しむための案内表示の充実として実を結び、日本という国に対する信頼を生む。

　欧米とアジアにおけるホスピタリティ提供の差異に着目した乾と松笠（2013）は、シンガポールと台湾においてホスピタリティの認知について調査した。シンガポールにおいては、「欧米型」と「アジア型」ホテルとでは

従業員とゲストの関係が異なるが、ホスピタリティは業務の一部と認知されており、日本で語られるような情緒的な概念ではないことを示した。また、日本型のホスピタリティを海外に移転できるかという問題意識から台湾での調査の例を挙げている。それによれば、日本語の「おもてなし」のニュアンスを海外で伝えることは困難であるとの結果から、アジア型のホスピタリティと日本の「おもてなし」に違いがあると結論付けている。したがって、日本以外のアジアの国々における表示作成では、ホスピタリティ・ビジネスのために英語表示を併記するが、「おもてなし」の精神を持って英語表示内容を決めているわけではないことが明らかになった。

4.2　英語案内サインの機能をより効果的にするには

　アクセシビリティと関連して観光案内のツールとして挙げられるのがピクトグラムである。ピクトグラムはサインの一種であり、情報伝達を図る視覚的図記号である。言葉に頼らないコミュニケーションツールとして多くの国において誘導や位置および場所を示すサインとして用いられている。特徴としては、ピクトグラムだけでなく言語表示が併用されているケースが多い。『世界ピクト図鑑』(2021) には世界 26 か国 80 都市のピクトグラムが約 1000 点掲載されており、多くの例から案内サインの多様性が読み取れる。ヨーロッパはいくつもの言語文化が集まっている場所であり、ピクトグラムが多用されている。ピクトグラムの意味を公用語で記載している場合もあるが、絵のみのサインが多いようである。アジアの国々と異なり、英語を併記しているものは少ない。英語圏の中心である英国、米国、それにオーストラリアでは、ピクトグラムに併記されているのは自国語の英語のみであることが多いが、アジアの国々では絵や図に自国語と英語が併記されている。英語は日本語やタイ語のようにその国でのみ使用されている地域言語ではなく、世界での使用者数が最大で国際言語であると認識されていることが理由であると思われる。言語のないピクトグラムが多いのも、基本的にピクトグラムはどのような条件下で誰が見ても一目で理解できる記号であるという考え方が浸透しているからかもしれない。ピクトグラムには国際標準化機構の国際規格

があり、ISO7001 と呼ばれる。様々な国・地域や文化における広範なテスト
の結果作成されているが一般的なものが中心で、全世界共通というわけでは
ない。地震や津波といった災害の多い日本では独自のピクトグラムが作られ
ている（写真 29、30、31）。主婦連合会がピクトグラムの認知度調査を行っ
た結果、エレベーターサイン、優先席関連サイン、手洗いサインに 100％の
視認性が確認された [15]。アンケート結果に「言葉の補助があるとわかりや
すい」というものがあり、ピクトグラムは不要なものを削ぎ落とし簡潔にデ
ザインされているため、それだけでは意味が理解し難いという問題が明らか
になった。言語が併記されていれば理解が促されるが、それではピクトグラ
ムが作られた意味がないという意見もある。しかし、たとえ訪問国の言語が
理解不能であるとしても、そこにピクトグラムがあるだけでその不安感を緩
和するという効果がある。サインボードに載せる情報スペースは限られてい
るため、そこに使用されるピクトグラムの大きさやデザイン、表記する文字
の大きさ、文字数や色なども考慮する必要がある。最近ではデジタルサイ
ネージ [16] の普及が進みスペースの問題は緩和されているが、日進月歩の技
術革新によりデジタルサイネージの形態が変化していくことは容易に想像が
つく（写真 32、33）。

写真 29　鎌倉市内

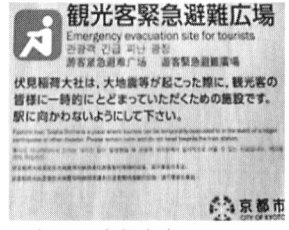
写真 30　京都市内

写真 31　長崎市内

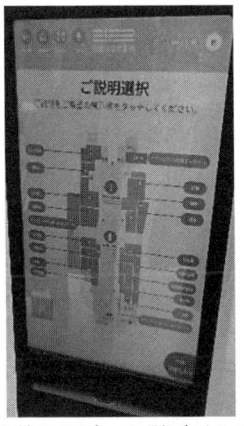

写真 32　韓国国立博物館のロボット型デジタル
　　　　サイネージ

写真 33　新橋駅構内 AI 案内

　言語表示の向上に関して、観光者ニーズのデータを蓄積している観光案内所の有益性にも注目したい。調査対象地の観光案内所は、韓国を除いて、所員が一人で対応しているケースがほとんどであり、日本の案内所と比較すると充実しているとは言い難かった。日本では、IT を活用したリモート接客による観光案内が導入されており、旅行者のデジタルデバイスからインターネットを利用して、多言語での案内が可能になっている。アバターを通して会話したり、チャット機能を使って観光地のリンクやデジタルパンフレットを提供したりしている。観光案内所には、年齢・国籍を問わず、様々な嗜好を持った旅行者が訪れる。多様なデータが蓄積されていくため、ニーズに合った観光情報のデータベース化がしやすい。街頭での観光案内表示が情報入手のニーズに応えられない場合、それが観光案内所に伝えられ、案内表示の不備を改善することにもつながる。案内表示を作成する情報発信者と観光案内所が連携して、不備を解決し観光者の不安感を軽減するために、より充実した情報提供とサポートが提供できる環境整備がこれからの重要な課題となる。多くの観光者にとって理解ができるよう QR コードを使用して入手可能な多言語解説、音声での発信の改善も必要となる。

5. おわりに

　本稿では、アジアの国々に見られる英語案内サインが果たす役割について様々な観点から論じてきた。その結果、日本とアジアの国々の認識の間に次の3点の共通点が明らかとなった。第一に英語至上主義という点、第二に国際言語としての認識、そして、第三に観光先進国であることを証明するという点が挙げられる。また、相違点としては英語表現とホスピタリティ・ポライトネス概念の関連性が挙げられる。

　今や観光振興は国の経済を支える重要な戦略である。現在日本政府は、高付加価値旅行者と呼ばれる富裕層観光客誘致に注力し始めている。この層は、訪日外国人旅行者全体の約1％に過ぎないのではあるが、消費額の約11.5％を占めている[17]。世界の富裕層に属する人々は英語圏、特に米国に多い。アジアの国々も同様であるが、日本はこれら富裕層の誘致を強化するための様々な施策を打ち出している。英語案内サインの役割は、観光者をサポートするだけでなく、対外的に「見せたい国のあり方」を示すことである。観光庁では、2018年より「地域観光資源の多言語解説整備支援事業」[18]に取り組んでいる。「観光庁が関係省庁等と連携して多言語解説の専門人材をリスト化し、派遣体制の構築、解説文作成等の支援を行うことで、旅行者にとって分かりやすく魅力的な解説文を整備する」ため母語話者のライターなどを活用し改善に努めている。加えて、情報の受け手の文化背景にも考慮が必要である。日本には「マナー遵守」を強調する表示が多いが、アトキンソン（2017）によれば、欧米人にとっては「正しいマナーを知らない者は下品で教養がない」と人間性を否定するように感じるとのことだ。案内や解説作成にはそのような文化的相違に配慮する必要がある。今後の課題として、外国人観光客が、案内看板やサインで使用される言語に受け手を尊重する日本的ホスピタリティを感じることができるような工夫と文化解説の理解を高めるための取り組みを拡充すること、そして、それを英語以外の言語に広げていくことが求められる。

注

1 ）　プッシュ要因とは、観光動機の一つで人々の心の中に観光に対する意欲・欲求が生まれることを指す。

2 ）　観光庁「訪日外国人旅行者の受け入れ環境に関する調査を実施しました」2024 年報道発表　mlit.go.jp（2024 年 7 月 3 日閲覧）

3 ）　観光庁「外国人観光客受け入れのための多言語案内表示ガイドライン―外国人観光客が気軽に歩ける街を目指して―」mlit.go.jp（2024 年 6 月 5 日閲覧）

4 ）　訪日外国人動向 2023 ―観光統計― JTB 総合研究所 tourism.jp
日本政府観光局（JNTO）発表統計より JTB 総合研究所作成の円グラフ
https://english-club.jp/blog/english-world-population/
日本政府観光局「日本の観光統計データ：各国地域別の内訳」
https://statistics.jnto.go.jp/graph/#graph--latest--breakdown
日本の観光統計データ jnto.go.jp（すべて 2024 年 7 月 3 日閲覧）

5 ）　Singapore Tourism Board
https://www.stb.gov.sg/content/stb/en.html
The Tourism Authority of Thailand
https://www.tourismthailand.org/home
Vietnam National Authority of Tourism
https://vietnamtourism.gov.vn/en
Korea Tourism Organization
https://www.visitkorea.or.kr/（2024 年 7 月 5 日閲覧）

6 ）　これに関しては、山川和彦 2020,　pp.104–105；および東京都産業労働局「国外旅行者のためのわかりやすい案内サイン標準化指針」tokyo.lg.jp（2024 年 5 月 31 日閲覧）を参照されたい。

7 ）　日本総研「観光産業の回復を目指す ASEAN」
https://www.jri.co.jp/page.jsp?id=103217（2024 年 7 月 5 日閲覧）

8 ）　https://english-club.jp/blog/english-world-population/（2024 年 7 月 5 日閲覧）

9 ）　Statista「世界で最も話されている言語ランキング 2023 年 /Statista」
https://jp.statista.com/statistics/1357268/the-most-spoken-languages-
（2024 年 7 月 5 日閲覧）

10）　Euromonitor International's report reveals world's Top 100 City Destinations for 2023 https://www.euromonitor.com/press/press-releases/dec-2023/euromonitor-（2024 年 7 月 9 日閲覧）

11） "Linguistic Landscape and Ethnolinguistic Vitality: An Empirical Study" Rodrigue Landry and Richard Y. Bourhis
https://doi.org/10.1177/0261927X970161002（2024 年 6 月 30 日閲覧）；
庄司博史 2009，p.9「カナダの社会言語学者 Landry と R.Y. Bourhis が『特定の領域あるいは地位の公共的・商業的表示における言語の可視性と顕著性』」と定義している。

12） 「なぜ韓国人観光客はダナンを好むのでしょうか？」
https://www.vietnam.vn/ja/vi-sao-du-khach-han-quoc-me-da-nang/
（2024 年 7 月 9 日閲覧）

13） 多文化多言語研究会「韓国の英語教育はどうなっているの」https://tabunka.carreiraenglish.com/koreaeigo/（2024 年 7 月 9 日閲覧）

14） 宇佐美まゆみ「ポライトネス理論と対人コミュニケーション研究」、
https://www.jpf.go.jp/j/project/japanese/teach/tsushin/reserch/pd/tushin42_p06-07.pdf（2024 年 5 月 25 日閲覧）

15） 主婦連合会「ピクトグラムの展示調査報告書」
https://shufuren.net/PDF/2020pictogram.pdf（2024 年 6 月 20 日閲覧）

16） デジタルサイネージ（Digital Signage）とは、デジタル技術を使用して情報や広告を表示する技術である。デジタルディスプレーやモニターを使用し、動画やイラスト、テキスト、音声案内などを提供する。

17） 観光庁「高付加価値旅行者の誘客に向けて集中的な支援等を行う モデル観光地 11 地域を選定しました　～地方における高付加価値なインバウンド観光地づくり事業～」報道発表 mlit.go.jp（2024 年 8 月 25 日閲覧）

18） 観光庁「地域観光資源の多言語解説整備支援事業｜観光地域における案内表示等の充実｜観光地等の外国人対応の推進｜インバウンド受入環境の整備｜インバウンド回復戦略｜観光政策・制度」mlit.go.jp（2024 年 9 月 1 日閲覧）

参考文献

井出祥子　2006『わきまえの語用論』大修館書店

乾弘幸，松笠裕之　2015『欧米とアジアにおけるホスピタリティ提供の差異に関

する研究』産業経営研究所報 *Journal of Industry and Management of Industrial Management Institute* (47)，pp. 1–13，九州産業大学産業経営研究所

奥平章子 2004「アセアンと英語—アセアンにおける「英語感」とその成り立ち—」竹下裕子，石川卓（編著）『世界は英語をどう使っているか』　新曜社

北神慎司 2002「ピクトグラム活用の現状と今後の展望　『京都大学大学院教育学研究科紀要』48，pp. 527–538，京都大学大学院教育学研究科

高民定，温琳，藤田依久子 2015「韓国済州島における言語景観—観光と言語の観点から」『千葉大学人文社会科学研究』30，pp. 20–21，千葉大学大学院人文社会科学研究科

小林章，田代眞理 2019『英文サインのデザイン—利用者に伝わりやすい英文表示とは？—』　ビー・エヌ・エヌ新社

児山啓一 2021『世界ピクト図鑑』　ビー・エヌ・エヌ新社

庄司博史，P. バックハウス，F. クルマス（編著）2009『日本の言語景観』　三元社

須藤廣，遠藤英樹，高岡文章，松本健太郎（編著）2022『よくわかる観光コミュニケーション論』p.1，ミネルヴァ書房

祖慶壽子 2005『アジアの視点で英語を考える』朝日出版社

滝浦真人 2008『ポライトネス入門』研究社

ダニエル・ロング，斎藤敬太 2022『言語景観から考える日本の言語環境—方言・多言語・日本語教育—』春風社

田中直人 2017「観光地におけるサイン環境を考える」『福祉のまちづくり研究』19(3)，pp. 71–77.

ペネロピ・ブラウン，スティーヴン・C・レビンソン 2011『ポライトネス　言語使用における，ある普遍現象』　田中典子（監訳)，研究社

ジェフリー・リーチ 2020『ポライトネスの語用論』　田中典子（監訳)，研究社

デービッド・アトキンソン 2017『世界一訪れたい日本のつくりかた』東洋経済新報社

塙幸枝 2022「コード」須藤廣，遠藤英樹，高岡文章，松本健太郎（編著)『よくわかる観光コミュニケーション論』pp. 134–135，ミネルヴァ書房

ピーター・バックハウス 2011　岸江信介　「看板・表示物に見られる禁止表現の言語景観」中山純蔵（監修)，中井誠一，ダニエル・ロング（編）『世界の言

語景観　日本の言語景観―景色のなかの言葉―』pp. 218–226, 桂書房

深谷香椎 2005「ホスピタリティ英語におけるポライトネス表現戦略 (1)」『鈴鹿国際大学紀要 Campana』11, pp. 15–29.

本田弘之，岩田一成，倉林秀男 2017『街の公共サインを点検する―外国人にはどう見えるか―』pp. 11–25, 大修館書店

本名信行（編著）2002『【事典】アジアの最新英語事情』大修館書店

峰正志 2008「交通標識における『ほのめかし』表現」『金沢大学留学生センター紀要』11, pp. 23–34.

森下美和 2021「日本の言語景観における英語の誤用傾向」*Language Learning and Educational Linguistics 2021-2022*, pp.77–82, 神戸学院大学

山上徹 2008『ホスピタリティ精神の深化』 法律文化社

山川和彦 2011「リゾート地の言語景観分析―タイ・プーケット島を例にして―』『麗澤大学紀要』92, pp. 165–184.

Backhaus, P. 2007 *Linguistic landscapes: A comparative study of urban multilingualism in Tokyo*, Multilingual Matters.

Huebner, T. 2006 "Bangkok's linguistic landscapes: Environmental print, codemixing and language change", *International Journal of Multilingualism,* 3(1), pp. 31–51.

Lawrence, C. B. 2012 "The Korean English linguistic landscape", *World Englishes*, 31, (1), pp. 70–92.

Mansoor, S.S. 2023 "Linguistic Landscape in Malaysia: The Case of Language Choice Used in Signboards", *Studies in English Language and Education*, 10(2), pp. 1062–1083, University of Malaysia.

Mouton, D. G. 2020 "Choreographing linguistic landscapes in Singapore", *Applied Linguistics Review* 2020, pp.1–33.

Nishijima Y. 2014 "Politeness in sign expressions: A comparison of English, German, and Japanese", *Intercultural Communication Studies* XXIII:2, pp.110–123, Institute for Cross-Cultural Research, Kanazawa University.

Tran, T. T. 2021 "Language Ideology in Vietnam from Linguistic Landscape Perspective", Doctoral thesis, University of Alberta.

第8章

東京・ソウル・北京・台北の
言語景観の特徴
―「観光公用語」の導入を視野に入れて―

尹　亭仁

要旨

　本稿では、東アジアの代表的都市の東京・ソウル・北京・台北の多言語表示の様相を実地調査に基づいて「アクセシビリティ」と「ホスピタリティ」の観点を交えながら取り上げた。

　東京の場合、観光庁のガイドラインに従って全国的統一感と持続的改善が見られており、ソウル・北京・台北の場合、国際空港や地下鉄駅、観光地を中心に多言語表示が進んでいる。東アジアの4都市で展開されている多言語表示の様相を、複数の公用語を認めている国の首都シンガポール・マニラ・ブリュッセルと比較して、「観光公用語」という観点で捉えることの可能性に加え、言語バリアフリーと多文化共生につながるとの示唆を得た。コロナ禍が収束してから東アジアの国や地域間の観光をめぐる協力体制も緊密になってきており、互いの影響から多言語表示が目指すことは、つまるところ「多文化共生」であると言えそうである。

　多言語表示の整備は外国語教育において視覚教材としての機能も果たしているため、多言語表示サービス施設の拡充にも注目していきたい。

キーワード

　言語景観、アクセシビリティ、ホスピタリティ、多言語表示サービス施設、観光公用語

I.　はじめに

　今日、日本全国のどこに行っても日本語・英語・簡体字中国語（＋繁体字中国語）・韓国語の4言語が併記されている多言語表示が普通になってきている。筆者はこの多言語表示の傾向を確かめるため、北は札幌市から南は那覇市まで、30以上の都道府県で実地調査を行なった。日本ではこの傾向にほぼ例外がないような状況が見られており、地域によってはこの4言語に加え、ロシア語（札幌・新潟）やフランス語（横浜）も見られる。

　このような多言語表示の傾向は日本だけであろうか。もしあるとしたら、どのような様子であろうか。また、多言語表示が目指すものとは何であろうか。筆者はこの問いに答えるため、東アジアの4つの都市の東京・ソウル・北京・台北（以下、《東アジア4都市》と称する）で多言語表示の調査を行なった。《東アジア4都市》の空の玄関口である国際空港の場合、表示する言語の順番に違いはあるものの、写真1〜3のような類似したレイアウトの多言語表示が見られた。金浦（ソウル）・松山（台北）も羽田と同様に4言語表示で、自国語を文字の大きさで表わしている。北京では中国語と英語の2言語表示が徹底されており、日韓の両言語は写真4と写真5のようにごく一部が見られた[1]。

写真1　羽田空港（2022）

写真2　金浦空港（ソウル・2023）

写真3　松山空港（台北・2024）

写真4・5　首都空港（北京・2024）

　本稿は、《東アジア4都市》の多言語表示を「アクセシビリティ」と「ホスピタリティ」の観点から捉え、それぞれの特徴を明らかにすることを目的とする。さらに、「観光公用語」という用語を導入することへの可能性や今後の展望についても論じる。

2.　移動の時代とその様相

2.1　訪日外国人旅行者数の内訳

　コロナ禍が収束してから人の移動が再び始まった。〈図1〉のコロナ前の2018年の「訪日外国人旅行者数の内訳」を見ると、3,000万人を超えている。コロナ禍がまだ収束していなかった2022年の〈図2〉からは訪日外国人旅行者は10分の1ほどにとどまり、2024年現在はほぼ回復したような数字となっている。日本政府観光局（JNTO）が出している「報道発表資料」（2024年8月21日）によると、今年7月の訪日外国人旅行者は3,292,500人で、2019年同月より30万人上回っており、2022年当時5位であった中国が再び1位の座に戻っている。いずれのデータからも上位訪日外国人の国・

地域は変わっていない。〈図1〉と〈図2〉から東アジアの人の移動が日本の観光を牽引していることが分かる。日本の多言語表示はこの東アジアの旅行者の数とニーズに支えられているとも言える[2]。

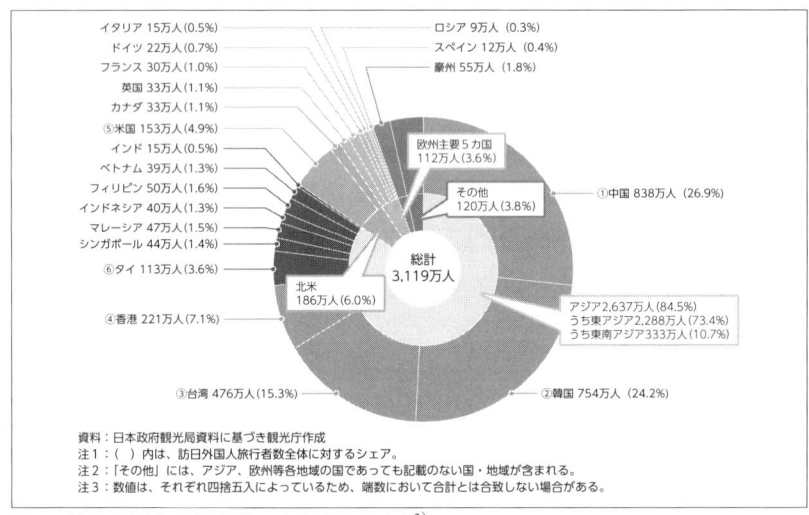

図1　訪日外国人旅行者数の内訳（2018 年）[3]

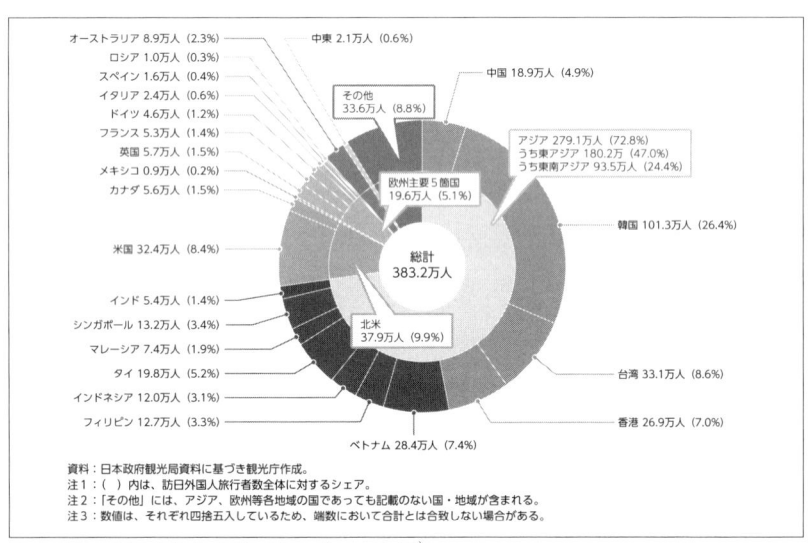

図2　訪日外国人旅行者数の内訳（2022 年）[4]

2.2　移動の時代に多言語表示が目指すこととは

　筆者は 2014 年から世界の多くの都市で言語景観の調査をしているが、多言語表示の増加は明らかな流れになっているように思われる。今の時代は、人が動くとことばも一緒に動き、関連するものも動く。日常においても以前に増して外国人と出会う機会が増えており、かつては舶来品と言われていた外国の製品や商品に接する機会も多くなってきている。このような人とものの移動は言語景観にも如実に表われている。

3.　言語景観の諸相

3.1　言語景観にみる公共表示と民間表示

　言語景観とは「公共空間で目にする書き言葉」のことである（庄司他：2009）。そして言語景観は「公共表示」と「民間表示」に分けられる。公共表示は、「公的表示」とも言い、公共の場や公共機関で見られる「禁止」や「案内」などの表示を指す。写真 1 ～ 5 にみる言語景観はいずれも公共表示である。民間表示は「私的表示」とも言い、商業施設などで目にする「広告」や「宣伝」などの表示を指す。本稿では、主に公共表示を対象にして論を進めることにする。

3.2　観光庁の多言語表示に関するガイドライン

　日本における公共表示は国土交通省の外局である観光庁のガイドラインが指針となっている。自治体によって異なる特徴もあるが、観光庁が平成 26 年（2014 年）3 月に出した「観光立国実現に向けた多言語対応の改善・強化のためのガイドライン」に沿っている場合が多い。これには、「観光立国実現に向けたアクション・プログラム」（平成 25 年 6 月観光立国推進閣僚会議決定）に基づき、「美術館・博物館、自然公園、観光地、道路、公共交通機関等における多言語対応について、外国人目線に立った各分野に共通するガイドラインを策定し、多言語対応の改善・強化を図る」と記されている。

また「共通ガイドラインに記載する主な項目・特徴」には 400 以上の用語・文例に対する「具体的な対訳語」まで提示されている。日本における多言語表示は下の（1）の 3 タイプになり、商品の紹介、購買を誘う文言が中心の民間表示との違いは明らかである。

（1）日本の多言語対応の対象となる情報の種類
　① 禁止・注意を促す（タイプ A）
　② 名称・案内・誘導・位置を示す（タイプ B）
　③ 展示物等の理解のために文章で解説をしている（タイプ C）

　現在、日本の街中ではタイプ A とタイプ B が多い。タイプ C は比較的少なく、地域と展示物の解説を必要とする施設の特徴と関係がある。

　（1）の区分に従うと、写真 1 〜 5 はタイプ B の「名称・案内・誘導・位置」の表示になる。タイプ B はアクセシビリティを表わしており、アクセシビリティに先立つ安全性の確保のためにはタイプ A の「禁止・注意」が必要であるということになる。

3.3　言語景観にみるアクセシビリティとホスピタリティ

　近年「アクセシビリティ」と「ホスピタリティ」を耳にする機会が増えている。大学では「ホスピタリティ」をテーマにした講義も開かれている。以下では、この 2 つの用語の定義を確認しながら多言語表示の状況との関わりを論じたい。

3.3.1　アクセシビリティ

　『大辞林』（2019）に、アクセシビリティは「利便性。交通手段への到達容易度。ある地点や施設への到達容易度」と定義されている。多言語表示におけるアクセシビリティは「到達容易度」のことを指す場合が多く、情報提供の適切さとも関係する。写真 1 〜 5 で分かるように、移動する人にとって

出発口は不可欠な情報である。《東アジア 4 都市》においてそれぞれ用いられているピクトグラムや色に多少の違いはあるものの、空港内の案内表示は旅行者にとって欠かせないアクセシビリティ情報の 1 つである。

3.3.2　ホスピタリティ

　2013 年 9 月、アルゼンチンのブエノスアイレスで開かれた第 125 次 IOC 総会で 2020 年東京オリンピック・パラリンピックの開催が決まった際、話題になった「おもてなし」は記憶に新しい。この「おもてなし」の英語が「ホスピタリティ」だと解釈されやすいが、ことばが与えるイメージも同じではなく、ホスピタリティの方が用いられる範囲が広い。森下俊一郎（2023: 19）に「おもてなし」「ホスピタリティ」「サービス」の特徴が比較・整理されているが、定義上の合意はまだ得られていないと思われる。ホスピタリティの認知度は高まっており、ホスピタリティが求められる産業を「ホスピタリティ産業」と呼び、宿泊産業、飲食産業、娯楽産業などが含まれている。

　本稿では、日本独自のスタンスのイメージが強い「おもてなし」よりグローバルなスタンスのイメージが強く、カバーする範囲も広い「ホスピタリティ」を用いることにする。

4.　《東アジア 4 都市》にみるアクセシビリティとホスピタリティの様相

　近年の言語景観、とりわけ多言語表示において、アクセシビリティとホスピタリティは重要度が増してきているように思われる。インターネットや携帯電話の普及、アプリケーションの多様化などにより、多くの旅行者が以前より不安を感じずに移動できるようになった。言語バリアが低くなってきているのである。このような動きからすると、アクセシビリティは進化していると言える。

　一方、ホスピタリティはどうであろう。森下俊一郎（2023: 79）で論じら

れているように、ホスピタリティの概念自体が論者や実践者によって異なり、曖昧であるため、捉えにくいところがある。筆者は多言語表示におけるホスピタリティを、サービスを受ける側の「心に響く感動」だと捉えている。サービスを受ける側の受け止め方には個人差があるので、合意が得られるホスピタリティの定義はまだ先のことかもしれない。

　以下では、《東アジア4都市》の多言語表示の様相をアクセシビリティとホスピタリティの観点を交えながら国際空港、地下鉄駅、お手洗い、祈祷室を中心に取り上げたい。

4.1　国際空港

　《東アジア4都市》の空港での状況は、写真1〜5で提示した通りである。この様相は成田空港や仁川空港でも同様に見られる。また北京の大興空港では中国語と英語の2言語表示が首都空港より徹底されている。東京の国際空港と異なり、これら3都市の空港ではタクシーを利用する人が多く、比較的規模の小さい松山空港でも、広い首都空港でもタクシーは利用しやすくなっている。一方、金浦空港の場合は乗り場が道路を挟んでおり、表示の面においてもアクセシビリティがいいとは言い難い。上記の7つの国際空港を経験した筆者には、ソウル市内に入るためのリムジンバスのアクセシビリティには改善の余地があるように思われる。

　筆者はオーストリアのウィーン国際空港でホスピタリティを強く感じたことがある。2019年8月、12時間を超えるフライトの末、降り立ったウィーン国際空港で予想していなかった母国語での歓迎は緊張がほっとする気持ちに変わり、大きな感動を得た。これは (1) のタイプからは推されないものである。別に立てられた英語を含めた14言語でのお出迎えの中で、東アジアの3言語はしっかりとその席を確保していた（写真6）。オーストリアの公用語であるドイツ語を最も大きくして下に配置したアイデアも斬新に思われた。

　現在、札幌の新千歳空港では北海道の形をした29言語での歓迎ポスターが出迎えてくれる。これを目にした多くの訪日旅行者はきっと筆者と同じ感動を覚えるだろう。

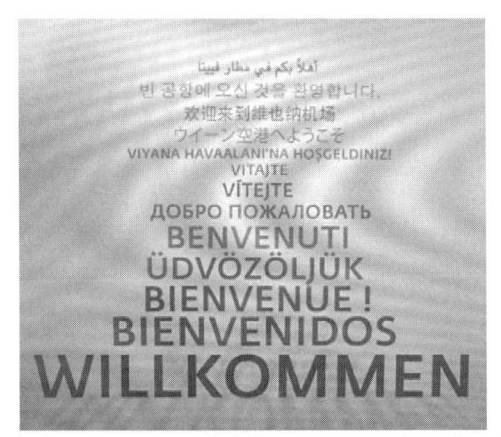

写真 6　ウィーンの国際空港での Welcome ボード（2019）

　台北の松山空港には写真 7 の歓迎ポスターがあるが、Welcome ではなく Hello になっている。筆者はこのようなユニークな歓迎ポスターが空港のホスピタリティを高めてくれると考えており、歓迎する言語の数に加え、様々なアイデアを盛り込んだ表示に期待を寄せている。

写真 7　台北松山国際空港の歓迎のポスター（2024）

　また、羽田空港や北京首都空港には飲用のお湯を提供してくれるマシンがあり、新しい形のホスピタリティだと感じている。今まで回ったヨーロッパの国ではこのようなサービスは見られなかった。

　空港はアクセシビリティの提供が最優先ではあるが、ホスピタリティを感じさせる工夫も大事だと思われる。その国または都市に対する印象に影響を及ぼし、リピーターを呼び込める重要な要素になるからである。このような努力が

平和産業と言われる観光業のサステナビリティにつながるのではないだろうか。

4.2　地下鉄（電車）の乗り換えの表示

　《東アジア4都市》には地下鉄や電車が走っている。比較的長い歴史を持ち、路線も多い[5]。利便性やアクセシビリティが高いことは《東アジア4都市》以外の都市を回った経験のある人は分かると思う。筆者はロンドン、パリ、ブダペストの駅でエレベーターがなかったために非常に苦労した記憶が鮮烈で、リピーターになるにはためらいを覚える[6]。以下で《東アジア4都市》のそれぞれのアクセシビリティについて考察する。

4.2.1　東京の地下鉄（電車）

　筆者が知っている限り、東京の地下鉄（電車）は写真8・9のように4言語表示になっている。改札の出口や入口の案内以外に、乗り換え、エレベーターにも4言語表示が付されている。路線によっては車内の電光掲示板に繫体字中国語を含む5種類の言語サービスが提供されている場合もあり、タイプBの提示が徹底していると言える。ただし、路線名が1号線とか2号線のように数字ではなく、Marunouchi Line（M）や Ginza Line（G）など、慣れない日本語の発音であるため混乱を覚える場合があるようである。

写真8　改札の表示　　　　　　　　　写真9　入口の表示

4.2.2　ソウルの地下鉄

　ソウルの地下鉄の場合、4言語で切符が買える駅が多い。東京の山手線と同様にソウル市内を循環する2号線も4言語表示で、日本語は4号線のようにほとんどがカタカナで表示されている（写真10）。ソウルは東京と異なり1〜9号線のように数字表記になっているため、ソウルを訪れた日本人

観光客からは分かりやすいと評判のようである。このカタカナ表示は中国語
との同じ漢字の重複を避ける狙いもあると思われる。実際、写真 11 のアメ
リカ自然史博物館のほぼ同じに見える 2 つの漢字表示を見て疑問に思う人
はいないだろうか。

写真 10　4 号線の 4 言語表示 (2024)

写真 11　2 つの「出口」表示 (2024)

4.2.3　北京の地下鉄

　筆者は 2022 年 9 月から 2023 年 8 月まで、約 1 年間を北京で在外研究を
して過ごした。4 号線が走る北京大学東門駅から 1 号線の天安門広場や王府
井の本屋だけでなく多くの駅を利用した。主に写真 12・13 のような表示
で、アクセシビリティはよかった。2024 年 5 月に再度北京を訪れ、地下鉄
を利用して故宮博物院（紫禁城）まで行った。特段ホスピタリティは感じな
いもののアクセシビリティはよかった。スクリーンドアの存在のこともある
だろうが、乗車の際に東京では内回りと外回りの方向が分からない場合があ
るが、北京では表示の手助けによって行き先の方向に迷うことはなかった。
ソウルと同様に、北京もすべての路線がそうではないが、数字で表わされる
路線が多い。

写真 12・13　北京の乗り換えの表示 (2023)

4.2.4　台北の地下鉄

　台北の地下鉄の切符売り場では、タッチパネルを利用して切符が買える（写真14）。利用可能な言語は、ソウルの4言語と異なり、中国語・日本語・韓国語・英語をはじめ、タイ語・インドネシア語・フィリピノ語[7]・ベトナム語・ドイツ語・フランス語・スペイン語の11言語である。これは東京・ソウル・北京では見られなかった特徴である。2019年7月の調査時には12言語の表示があったが、2024年7月の調査時は「簡中」「繁中」が「中文」に統一され、マレー語がなくなりフィリピノ語が新しく加わっていた。台北でのタッチパネル方式でアクセシビリティとホスピタリティは感じられたが、歓迎ポスターにはあるアラビア語がないことがやや気になった。

　車内の路線図も写真14のように4言語表示になっており、分かりやすいが、筆者としては韓国語の表記が韓国語式の漢語読みになっていたり台湾式の漢語読みをハングルに表記したり、一貫性のない表示が気になるところである。今後の課題の1つとして受け止めている[8]。

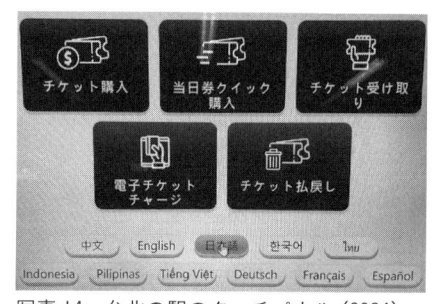

写真14　台北の駅のタッチパネル（2024）

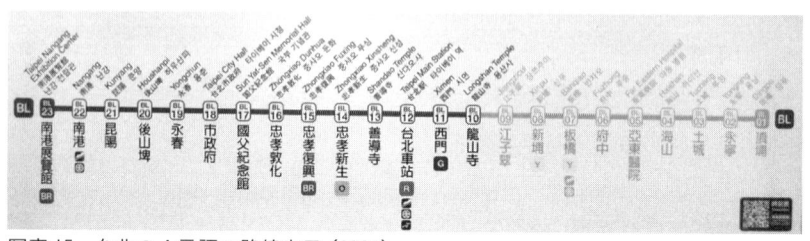

写真15　台北の4言語の路線表示（2024）

　また台北では絵文字やイラストを多く用いる特徴が見られた（写真16・17）。2024年の調査時には英語が加わった2言語表示になっていた。

写真 16　イラスト 1（2019）

写真 17　イラスト 2（2024）

　ここまで取り上げた《東アジア 4 都市》の交通機関の多言語表示をまとめると、〈表 1〉のようになる。

表 1　《東アジア 4 都市》の交通機関における多言語表示

都市	多言語表示の種類
東京	日本語・英語・簡体字中国語（＋繁体字中国語）・韓国語
ソウル	韓国語・英語・簡体字中国語・日本語
北京	簡体字中国語・英語／日本語・韓国語（ごく一部）
台北	案内表示：繁体字中国語・英語・日本語・韓国語 切符売り場：繁体字中国語・英語・日本語・韓国語・タイ語・インドネシア語・フィリピノ語・ベトナム語・ドイツ語・フランス語・スペイン語

4.3　お手洗い

　筆者はホスピタリティが表われている場所の 1 つが「お手洗い」であると考えている。2020 年 2 月乗り継ぎで降りたフランクフルト空港のお手洗いにはガーベラの花瓶が置いてあったが、2024 年 9 月も同じであった。他の国際空港では見られない光景にホスピタリティを感じざるを得なかった[9]。お手洗いはピクトグラムや英語の表記で視認性が高いが、人に与える感動はアクセシビリティだけの問題ではないと思われる。

　日本を訪れる多くの観光客、特に東アジアの人々は写真 18 の羽田空港での母国語での出迎えに「ほっとする」のではないだろうか。お手洗いの 4

言語表示は羽田空港をはじめ成田空港、東京国立博物館やJR駅・地下鉄駅でも見られる。写真19はソウルの有名な観光地の「景福宮」での表示、写真20は金浦空港での表示である。中国の場合、北京の首都空港では見られなかったが、上海の虹橋空港では4言語表示が見られた（写真21）[10]。台北では見当たらなかったが、有名な観光地の九份ではあった（写真22）。

写真18　羽田空港（2024）

写真19　景福宮（2023）

写真20　金浦空港（2023）

写真21　虹橋空港（上海・2016）

写真22　九份（台湾・2024）

　お手洗いの表記を見ると、韓国語は「화장실（化粧室）」の1種類であるが、日本語・英語・中国語は2種類以上ある。多言語表示の観点から表記上の違いや変遷を見るのも筆者の楽しみの1つである。

4.4　祈祷室

　お手洗いと同様に、ホスピタリティを感じる要素に「祈祷室」が挙げられる。北京では見ていないが、羽田空港（写真23）、金浦空港と仁川空港（写

真 24) にはピクトグラムと多言語表示が出ている。台北の国立故宮博物院では多言語表示ではないが、祈祷室が設けられている (写真 25)。ヒースロー空港 (写真 26) を含め、ピクトグラムに多少の違いはあるものの、これらを見ると「異文化理解」や「多文化共生」に一歩近づいているように感じられる。羽田空港の祈祷室内にある使用に関する説明も 4 言語表示になっている。

写真 23　羽田空港 (2024)

写真 24　仁川空港 (2022)

写真 25　国立故宮博物院 (2024)

写真 26　ヒースロー空港 (2019)

　　ここまでアクセシビリティとホスピタリティを中心に《東アジア 4 都市》の多言語表示の様相を取り上げた。移動する人に利便性を提供するアクセシビリティは重要であるが、心に響かせるホスピタリティの様相についても比較しながら検討した。今後、より競争が激しくなる観光産業において、アクセシビリティとホスピタリティはリピーターを呼び込めるキーになると思われる。そのためにも、比較・検討の国・地域を増やし、対象を広げながら調査と情報発信を続ける必要がある。

5.　《東アジア 4 都市》にみる多言語表示サービス施設

　《東アジア 4 都市》には有名な観光地が多い。ソウルと北京市内には世界文化遺産もあり、訪れる多くの観光客を意識した多言語表示によるアクセシビリティが期待される。しかし必ずしもそうではなく、政策が見え隠れするところもある。

　以下では多言語表示が多く見られる施設を「多言語表示サービス施設」と呼び、場所的特徴を考察する。多言語表示サービス施設の場合、(1) のタイプ A 〜 C の多言語表示が多く見られる場所でもある。

5.1　東京

　東京の場合、「観光立国実現に向けたアクション・プログラム」(平成 25 年) で取り上げたように、美術館・博物館、観光地、道路、公共交通機関等において多言語表示が見られる。タイプ A 〜 C が見られる好例が東京国立博物館である (写真 27)。これ以外にも消防博物館 (東京消防庁消防防災センター)、代々木公園、東大病院でも多言語表示が見られるが、東大病院の場合は主にタイプ B である。筆者は多言語表示が外国語教育に効果的と捉え、「視覚教材」として語彙力の向上や文法の理解に役立てる工夫とともに授業外学習の場として活用を心がけている [11]。そのためにも多言語表示サービス施設の把握と授業での情報の共有を重要視している。

　写真 28 は東京都小平市の作業現場の多言語表示である。基本となっている日本語・英語・簡体字中国語・韓国語ではなく、韓国語の代わりにベトナム語とフィリピノ語が見られる。このように安全性の確保のためのタイプ A の禁止や注意表示には、必要に応じて関連する言語が加わっている。

写真 27　東京国立博物館 (2024)　　　写真 28　5 言語表示 (2024)

5.2　ソウル

　ソウルの場合、多くのところで 4 言語表示が見られる。ソウル市役所 [12]、若者に人気の弘大周辺、故宮の徳寿宮（写真 29）、国立民俗博物館（写真 30）の案内表示にも見られる。国立民俗博物館より規模が大きく、2005 年に新築開館した国立中央博物館の場合、ホームページは 4 言語表示になっているが、館内は韓国語と英語の 2 言語表示が多い。筆者は国立民俗博物館や東京国立博物館と同様に、館内でも 4 言語表示が望ましいと思われるので、関係組織に提案を試みる予定である。

写真 29　徳寿宮 (2023)　　　　　写真 30　国立民俗博物館 (2023)

5.3　北京

　北京の場合、空港や地下鉄駅、故宮博物院（紫禁城）、国家図書館、国家
植物園、国家動物園などにおいて中国語と英語の 2 言語表示が徹底されて
いる [13]。故宮博物院の場合、写真 31 のように有料で 40 言語以上の音声ガ
イドを貸与している。部分的ではあるが、世界文化遺産の頤和園や天壇公
園、故宮博物院の近くにある中山公園には 4 言語表示が、観光地の什利海
周辺には 3 言語表示 [14] が見られる。頤和園の案内図（写真 32）の場合、4 言
語表示が多いが、ドイツ語が加わった 5 言語表示も見られる。

写真 31　故宮博物院（2024）

写真 32　頤和園の 4 言語表示（2024）

5.4　台北

　台北の場合、東京とソウルほどではないが、4 言語表示が多く見られる。
国立故宮博物院では 4 言語でチケットが買えるようになっている（写真 33）
が、タイプ C の説明は繁体字中国語・英語・日本語の 3 言語表示が基本で
ある。筆者は台北市内の交通機関と同様に 4 言語表示になることを期待し
ている。これはソウルの国立中央博物館に対しても言えることである。

　時間に追われる観光客にとって母語での説明は言語バリアが低くなり、情

報の処理スピードも上がり理解も早まる。結果的に異文化理解にも役立つ。これが本来の多言語表示の目的ではないだろうか。

写真 33　4 言語表示（2024）

　ここまで取り上げた《東アジア 4 都市》の主な多言語表示サービス施設をまとめると〈表 2〉のようになる。場所的特徴としては、「観光立国実現に向けたアクション・プログラム」（平成 25 年）に提示されている「美術館・博物館」、「観光地」、「公共交通機関等」が多いと言える。

表 2　《東アジア 4 都市》の主な多言語表示サービス施設

東京	空港（羽田・成田）、駅構内、東京国立博物館、消防博物館、東大病院
ソウル	空港（金浦・仁川）、駅構内、国立民俗博物館、国立中央博物館（部分的）
北京	空港（首都空港・部分的）、頤和園、天壇公園、中山公園、什刹海周辺
台北	空港（松山）、駅周辺、国立故宮博物院（部分的）

　このような多言語表示の傾向は、韓国・中国・台湾の地方の観光地にまで広がりを見せている。北京の場合、一部の観光地に 4 言語表示が見られるが、重慶にある観光地の十八梯や成都の杜甫草堂・成都博物館にも 4 言語表示が見られる。韓国第二の都市釜山の場合、ソウル以上に空港・地下鉄・博物館・観光地（海雲台）などで多言語表示が進んでいる。ソウル、台北の多言語表示の様相から日本の多言語表示の展開が東アジアの他の都市にも影

響を及ぼしている状況が窺えた。今後、「多言語表示サービス施設」を中心に追加調査をし、ホスピタリティの一側面として分析を試みたい。

6. 「観光公用語」という用語の導入の可能性をめぐって

　ここまで、日本の多言語表示を軸に据えて実地調査に基づいた《東アジア4都市》での多言語表示の様相を取り上げた。《東アジア4都市》で展開されている多言語表示はタイプAのみならずタイプCまで進んでいる様相が確認された。結果としてこうした動態を「観光公用語」という用語で捉えられる可能性が見えてきた。複数の公用語を認めているシンガポール・フィリピン・ベルギーでの多言語表示の様相から準拠できる根拠を得たい。

6.1　公用語とは

　筆者は東アジア4都市の多言語表示の様相から「観光公用語」という用語を着想した。以下で、公用語の定義および様相についてより詳しく取り上げたい。

　『大辞林』（2019: 944）に「公用語」は「①一国内など共同体の内部で多言語が使用されている場合、公の場で使用されることが正式に認められている一つまたは複数の言語。②会議や集団の中で共通に使用することを決めた言語」と定義されている。庄司（2022: i）では「一定の地域や国際的機関において広く用いられ、また通じることを前提に用いられている事務言語…」と捉えられている。この「事務言語」という文言はしばしば「作業言語」と言い換えられるが、「ある目的やミッション」を持っている言語を指している。

6.2　多言語表示と公用語

　現在2つ以上の公用語が認められている国として、カナダ・インド・シンガポール・フィリピン・ベルギー・スイスなどが挙げられる。筆者は複数の公用語の存在が多言語表示にどのように反映されているか、それは東アジ

ア4都市の多言語表示とどのように異なっているのか、準拠できる現状を確かめるため、2024年にシンガポール・フィリピン・ベルギーの首都で調査を行なった。以下に、その様相を取り上げる。

6.3　公用語表示の様相

6.3.1　シンガポール（シンガポール）の場合

　2024年1月28日〜2月2日、シンガポールで公用語の4言語（英語・中国語・マレー語・タミル語）の調査を行なった。チャンギ空港の到着ロビーでは公用語のタミル語ではなく、英語・中国語・マレー語と並んで日本語の表示が見られたことから、日本からの観光客やビジネス関係者が多いと推測した。タイプAの注意表示（写真34）と国立博物館の案内表示には公用語の4言語が用いられている（写真35）が、地下鉄の表記には3言語（英語・中国語・タミル語）が多かった。シンガポールの言語政策までは調査ができなかったが、シンガポールの多言語表示からは英語優位の状況が見られた。日本では少なくともシンガポールよりは4言語表示が展開されていると言えそうである。

写真34　危険を表わす表示

写真35　国立博物館

6.3.2　マニラ（フィリピン）の場合

　2024年7月22日〜25日、マニラで2つの公用語（フィリピノ語・英語）の状況を中心に多言語表示の調査を行なった。国立博物館や美術館の説明

はほとんどが英語で、一部の禁止表示に2言語が用いられていた。電車の中の駅名はローマ字表記のみで、駅の中の禁止表示には2言語が用いられていた（写真36・37）。シンガポールと同じく英語優位の状況と言える。

写真 36・37　フィリピノ語と英語の 2 言語表示

　在フィリピン日本国大使館の表記は日本語に英語とフィリピ

ノ語の3言語を期待していたが、日本語と英語の2言語表示であった。ちなみに、ベルリンの日本大使館の表記は日本語とドイツ語で、英語はなかった。シンガポールの日本大使館の表記も日本語と英語のみであったが、フィリピンでの表記とは事情が異なる。フィリピンでは英語も公用語ではあるが、フィリピンの土着語であるフィリピノ語の公的地位は英語より低いようである。この表示状況はマニラにあるフィリピン大学でも同様で、フィリピノ語での表記がなかったわけではないが、キャンパス案内は英語のみであった。

　ニノイアキノ国際空港で東アジアの3言語の表示が見られたが、期待していたフィリピノ語の表記はなかった（写真38・39参照）。筆者は公用語の多言語表示の観点から今後もフィリピンにおけるフィリピノ語の表示を追跡していく予定である。

写真 38・39　ニノイアキノ国際空港の多言語表示

6.3.3　ブリュッセル（ベルギー）の場合

　2024年9月5日〜8日、ベルギーの公用語の表示の調査のためブリュッセルを訪れた。ベルギーの公用語はフラマン語（オランダ語の一種）・フランス語・ドイツ語の3言語である。パリからユーロスターで移動して降りたブリュッセル南駅には、オランダ語・フランス語・英語表記が多かった。国立美術館の説明もほとんどフランス語・オランダ語・英語であった。ブリュッセルで公用語の3言語が均等に用いられているところは少なく、ドイツ語の代わりに英語がついている場合が多かった。街中ではタイプBの表示が2言語で、ホテルの避難経路の説明は4言語表示であった（写真40・41）。

写真40　ブリュッセルの2言語表示　　写真41　ブリュッセルの4言語表示

　英語が公用語ではないブリュッセルでも、シンガポールやマニラと同様に英語が観光やビジネスのために多くの場所で用いられている状況が確認された。パリやベルリンを含むヨーロッパの他の都市の多言語表示の状況については稿を改めて取り上げたい。

6.4　「観光公用語」という用語の導入を視野に入れて

　《東アジア4都市》での多言語表示の様相を「観光公用語」で捉える可能性を模索し、「居住公用語」とも言えるシンガポール・フィリピン・ベルギーでの多言語表示の様相と比較してみた。《東アジア4都市》の多言語表示はタイプAのみならずタイプCまで展開されており、上記の3つの国の複数の公用語の表示よりも充実している様子が確認された。東京の場合、少なくとも公共表示および多言語表示サービス施設では日本語に加え、英語・簡体字中国語・韓国語が観光公用語と見なしても差し支えないような展開を

見せており [15]、ソウル・台北でも同じ方向性で観光公用語化が進んでいる。北京の場合、もう少し経過観察の必要があると思われる。

6.5 「観光公用語」と言語バリアフリー

　観光庁は 2023 年 3 月に「観光立国推進基本計画」を閣議決定し、3 つのキーワードの「持続可能な観光」「消費額拡大」「地方誘客促進」を掲げ、今後も戦略的訪日旅行プロモーションに取り組んでいくという方向性を打ち出している。この「持続可能な観光」はリピーターの獲得にもつながる方針であり、リピーターの獲得のためには上記で見てきたアクセシビリティとホスピタリティを考慮した多言語表示の充実および美術館・博物館・観光地のような「多言語表示サービス施設」の拡充はさらに重要になってくると思われる。多言語表示における「観光公用語」の位置づけと多言語表示サービス施設の拡充により移動における言語バリアはさらに低くなり、言語バリアフリーに近づいていくように思われる。

　現在、東京国立博物館、京都国立博物館、九州国立博物館、大阪歴史博物館、広島平和記念資料館、長崎原爆資料館などではタイプ C までの多言語表示サービスが提供されている [16]。長野、金沢、富山でもタイプ C の多言語表示が見られる。整備されつつある日本の多言語表示は外国語教育にも役立っているので、完成度を高めることに何らかの協力をしていきたいと考えている。

　多言語表示は人の移動と交流の可視的要素であり、それに表われているアクセシビリティとホスピタリティは今後より柔軟に時代のニーズに応えていくと思われる。これは観光における国際競争力にもつながる。筆者は多くの国や地域で広がっている多言語表示の様相から、これらが目指すところは最終的には「多文化共生」であると考える。

　2024 年 9 月 11 日、神戸で日中韓の観光相は 2030 年までに観光客を 4000 万人に増やす目標を掲げた共同宣言を採択した [17]。コロナ禍が収束してからのこのような協力体制は多言語表示、ひいては東アジアの「観光公用語」の位置づけと「多文化共生」の動きに拍車をかけることになるだろう。毎年、輪番で開かれる予定のこの会議の今後の発信にも注目していきたい。

7.　おわりに

　ここまで東アジアの代表的都市の東京・ソウル・北京・台北の言語景観をアクセシビリティとホスピタリティの観点を交えながら比較を試みた。この東アジア 4 都市の多言語表示の様相は類似しており、筆者は日本の多言語表示にみる 4 言語を「観光公用語」と位置づけ、多文化共生を目指す多言語表示の実状の調査と提案をしていきたい。

　本稿では、東アジアの代表的 4 都市の全体的様相を大まかに取り上げたが、個別の具体的分析は残っている。今後の課題にしたい。

＊謝辞：本研究は JSPS 科研費 19K00775 と JSPS 科研費 24K04062 から一部補助を受けた。

注

1 ）　本稿で用いる写真はすべて筆者が現地で撮影したものである。

2 ）　山川和彦・藤井久美子 (2017)、pp. 131–132 も参照されたい。

3 ）　出典：国土交通省観光庁、「観光白書」、平成 30 年版。出典には「図表」となっているが、本稿では「図」で統一した。

4 ）　出典：国土交通省観光庁、「観光白書」、令和 4 年版。

5 ）　地下鉄は 1863 年ロンドンで開通してから世界中に広まった。東京は 1927 年、ソウルは 1974 年、北京は 1969 年、台北は 1996 年に開通している。

6 ）　2024 年 9 月に調査のため、再度パリを訪れ、ユーロスターに乗るためパレロワイヤルルーブル美術館駅を利用したが、エレベーターどころかエスカレーターもなく、表示も分かりにくかったため、重いスーツケースを引っ張って階段を上下した。見知らぬ人々に助けられたが、以前ロンドンなどでアクセシビリティで苦戦した記憶が蘇り、東アジアのエレベーターやエスカレーターのありがたさを思い出さざるを得なかった。

7 ）　フィリピン語 (庄司: 2022) や「タガログ語」などの名称もあるが、本稿ではテキスト名にも用いられている「フィリピノ語」を用いることにする。

8 ）　韓国語の表記上の不一致は日本でも、中国でも見られる。整備が必要であるが、個人レベルで取り組める問題ではないことが問題である。

9 ）　ヨーロッパのお手洗いは、空港以外は基本有料である。その分、きれいにしているところもあるが、必ずしもそうではないところもある。アクセシビリティもよくなくホスピタリティも感じられないところも多い。国や都市によって使い方が異なるため、気を張る場合が多い。

10）　データは 2016 年のものであり、ポストコロナの上海での多言語表示は再調査が必要であると思っている。

11）　尹亭仁（2021）、尹亭仁・稲毛恵（2024）を参照されたい。日本語の活用については磯野英治（2011）、磯野英治（2020）を参照されたい。

12）　ソウル市役所の入口には 4 言語表示が見られるが、九州の熊本市役所や長崎市役所ではより多様な 4 言語表示が見られる。2022 年 3 月の調査時に、熊本市や長崎市の場合は多言語表示のためにそれぞれの言語のネイティブスピーカーを活用していた。

13）　ホームページには 6 言語（簡体字中国語・英語・スペイン語・ロシア語・日本語・フランス語）が提供されており、韓国語はない。

14）　日本でも珍しい日本語・英語・韓国語の 3 言語表示が見られるが、日本語・英語・中国語の 3 言語表示が多い。

15）　山川・藤井（2020: 26）では「日本語、英語、中国語、韓国語の 4 言語表記が一般化している」と述べている。

16）　岡本亮輔（2017）にトリップアドバイザー社が発表した「日本で最も人気のある観光地トップ三〇」が紹介されており、中に 2 つの負の遺産の「広島平和記念資料館」（2 位）と「長崎原爆資料館」（18 位）が載っている。広島平和記念資料館には 23 言語によるパンフレットが置いてあり、フィリピノ語もあったので、それをフィリピンの知人に伝えたら手に取ってみたいと言っていた。長崎を含め、負の遺産に関する歴史の共有のためにはこのような情報発信が必要であると思われる。

17）　詳しい内容は『日本経済新聞』2024 年 9 月 11 日（電子版）を参照されたい。

参考文献

磯野英治 2011「韓国における日本語の言語景観」内山純蔵（監修），中井精一，

ダニエルロング（編）『世界の言語景観 日本の言語景観―景色のなかのことば―』pp. 74–95, 桂書房

磯野英治 2020『言語景観から学ぶ日本語』大修館書店

観光庁 2018「観光白書平成 30 年版」

観光庁 2019「多言語対応改善・強化のための観光庁の取組」

観光庁 2022「観光白書令和 4 年版」

岡本亮輔 2017「写真が変える寺社観光―訪日外国人の観光のまなざし―」金成珉・岡本亮輔・周倩（編）『東アジア観光学　まなざし・場所・集団』pp. 102–126, 亜紀書房

庄司博史（編）2022『世界の公用語辞典』丸善出版

庄司博史，P. バックハウス，F. クルマス 2009『日本の言語景観』三元社

日本政府観光局（JNTO）2024「報道発表資料」

松村明（編）2019『大辞林』三省堂

森下俊一郎 2023『おもてなしの理念，知識，異文化のマネジメント』晃洋書房

山上徹 2008『ホスピタリティ精神の深化―おもてなし文化の創造に向けて―』法律文化社

山川和彦，藤井久美子 2017「観光における多言語事情」平高史也・木村護郎クリストフ（編）『多言語主義社会に向けて』pp. 130–142, くろしお出版

山川和彦，藤井久美子 2020「言語景観とは何か」山川和彦（編）『観光言語を考える』pp. 13–29, くろしお出版

尹亭仁 2021「日本における韓国語の言語景観と活用の可能性（1）―韓国語の漢語語彙力の向上の観点から―」『神奈川大学言語研究』43, pp. 1–34.

尹亭仁，稲毛恵 2024「日本における韓国語の言語景観と活用の可能性（2）―韓国語のヴォイスの導入の観点から―」『神奈川大学言語研究』46, pp. 1–30.

コラム4

長崎の多言語景観にみる
国際観光都市としての顔

由川美音

　本研究グループが言語景観の研究を通して、大学の所在地である横浜に貢献できることをと考え、まずは国内で中華街を持つ神戸・長崎と比較調査してみようと、3名のメンバーで観察旅行に出かけた。実際に現地に赴いて言語景観を観察し、市職員へのインタビューなど調査を進めると、中華街という共通項にとどまらない各都市の特徴が明らかとなった。そこで本コラムでは、港町3都の中でも長崎について紹介する。

I.　長崎の多言語景観概況

　長崎市内を散策する中で我々がまず感じたのは、公共多言語サインの多さと統一感である。外国人観光客の玄関口になる空港・鉄道駅・大型旅客船ターミナルだけでなく、市街地にあるバス停・路面電車の電停にある広告（写真1）も多言語化が進んでいる。他にも、通りの名称を示す看板、施設までの距離や方向を示す誘導板・観光施設の解説など、様々な表示に日・英・中（簡体字・繁体字）・韓の4言語表記が徹底されており、デザインもエリアごとに色や形式が統一されていて、歩きながら次の指標を探しやすい。また、英語・中国語・韓国語表現にも無理がないという、3名共通した印象を持った。
　一方で、市内エリアごとの特性も見てとれた。長崎新地中華街では、他の

エリアに比べて中国語のみまたは日中2言語による注意書きが多く見られ、そのエリアに生活する住民へのスムーズな情報伝達や、中国語景観による中華街というエリアの演出という2つの目的が見てとれた。大浦天主堂は、門前に日本語・英語・韓国語による説明サインが掲げられており、キリスト教徒が比較的多い韓国からの観光客を意識してか、中国語よりも韓国語優位な状況が見られた。他にもキリスト教関連の資料は英語・韓国語優位の状況が見られた。しかし、そこから国際旅客船ターミナルに続く沿道の土産物店では、中国語のみによるポップが置かれているのを多く見かけ、これらの店舗では、中国語圏からの利用客が多いことが推測された。

写真 I　電停の広告看板（英・簡・韓・日）

2.　長崎の公共多言語サインの秘密

　長崎市内の公共サインは、どの言語も違和感なく読み取れる表現が使われているように感じた我々は、長崎市役所を訪れて話を聞いた。
　秘書広報部国際課の職員に話を聞く中で、外国籍市民対象の配布物・通知や公共表示の監修に、JETプログラムで長崎に滞在している職員を活用していることが分かった。JETプログラムは、語学教員として従事する例が目立つが、他にも、地方自治体で国際交流業務を担い、地域レベルでの草の根の

国際化を推進することを目的の 1 つとして掲げており、長崎市ではこのプログラムを通して招聘された英語・中国語・韓国語を母語とする人材が、任期 1 年から 5 年の国際交流員として活躍しているそうである。我々が目にした公共サインは、彼らによって監修されたことにより、より自然な外国語表現になっていたものと思われる。

　市内の公共サインは、市役所の複数の部署に担当が分かれており、そのうち都市サイン・歩行者誘導板（写真 2）は長崎市まちづくり部景観推進室が設置しているという。同室職員によると、市内 300 カ所にある誘導板は、4 カ国語で表示するガイドラインがあり、地名や施設名など固有名詞の多言語表記については、上述の国際課で作成した多言語リストを各関係部署と共有

しているとのことであった。街頭では、教育委員会設置の史跡解説（写真 3）、環境部設置のポイ捨て禁止表示（写真 4）などを見かけたが、様々な部署で国際課の作成した多言語素材が参照される体制が整っているようで、この体制が、市街地で見かける多言語表示における言語表現の正確さと統一感を生んでいると考える。

写真 2　市内の歩行者誘導板（日・英・簡・韓）と通り名表示（日・英）

市指定史跡　旧唐人屋敷内　天后堂（てんこうどう）

指定年月日　昭和49年10月15日
所　在　地　長崎市館内町12番地
所　有　者　長崎市

唐人屋敷は、徳川幕府が鎖国政策の一つとして、現在の館内町に設置した唐人の居住所であり、元禄2年（1689）に完成しました。この天后堂の創建は、元文元年（1736）南京地方の人々が航海安全を祈願し、天后聖母を祀ったのが起源といわれます。寛政2年（1790）重修、明治39年（1906）に改築し、現在に至っています。

長崎市教育委員会（平成14年1月）

Municipal Historic Site
Tenko-do Shrine in the Former Chinese Quarter

Date of Designation : October 15, 1974
Location : 12 Kannai-machi, Nagasaki City
Owner : Nagasaki City

The Chinese Quarter (Tojin Yashiki), located in present-day Kannai-machi, was established by the Tokugawa Shogunate in 1689 as a national isolation measure. This Tenko-do Shrine was established in 1736 by residents from the Nanjing district of China. It is said that the shrine was dedicated to the deity "Tenko Seibo" as a prayer for safe navigation at sea.

The original building underwent major repairs in 1790, and the present structure dates from 1906.

Nagasaki City Board of Education (January, 2002)

시 지정사적　구당인부지내 천후당

지정년월일　1974년 10월15일
소　재　지　나가사키시관내정12번지
소　유　자　나가사키시

당인부지는 도쿠가와막부가 쇄국정책을 펼치던 에도시내에 중국（당）의 당인들이 살았던 거주구역이다. 이 천후당은 원문년(1736년)에 남경지방 출신의 거류자에 의해 항해안전의 신「천후성모」를 기리기 위해 창립되었다. 관정2년(1790년)에 수리, 명치39년(1906년)에 개축되어 현재에 이르고 있다.

나가사키시교육위원회(2002년1월)

市指定历史遗迹　旧唐人住宅区内　天后堂

指定年月日　1974年10月15日
所　在　地　长崎市馆内町12番地
所　有　者　长崎市

1689年，德川幕府为实现其锁国政策，在现在的馆内町建立起唐人住宅区，1736年，来自南京地方的人们为了祈念航海安全、祭祀天后圣母，修建了天后堂。天后堂于1790年翻新重建，并于1906年改建后保存至今。

长崎市教育委员会(2002年1月)

写真3（上）　長崎市教育委員会設置の史跡解説（日・英・韓・簡）

写真4（左）　長崎市環境部設置のポイ捨て・喫煙禁止表示（日・英・簡・韓）。この表示では、「ポイ捨て禁止」の中国語訳が間違っているが、長崎では誤訳を目にする事が少なかった。

（写真1〜4は全て2022年3月長崎市内で撮影）

3.　多言語景観にみる長崎の国際観光

　江戸時代鎖国政策の中でも外国との貿易拠点として機能した出島を有する長崎は、古くから外国の人と接する機会が身近にあり、外国人との共存経験が長いと言える。また、長崎国際観光コンベンション協会職員によれば、コロナ禍においても、被爆体験に基づく平和教育拠点として、国内に限らず海外からも問い合わせがあり、オンライン交流等で外国とのつながりを保ってきたそうだ。このような外国との接点の多い環境が、市内の多言語表示の整備や質の向上につながったのかもしれない。

　長崎国際観光コンベンション協会によると、今後は、新幹線開通や大規模会議施設の完成を味方につけ、国際会議の招致に力を入れていくそうである。原爆資料館には、実に 10 種の言語でパンフレットが用意され、それに加えて、フリー Wi-Fi を提供し QR コードによる多言語解説が見られるようになっている。これらは、情報アクセシビリティ、および、多言語によるおもてなしというホスピタリティの両側面から、高く評価できる事例であり、外国人観光客を意識した政策が街中に行き届いている雰囲気を証明するものと言える。そして、市国際交流員の監修のもと整備された市内各所の公共サインは、今後も長崎に住む外国籍市民だけでなく、旅行で訪れる外国人客にも理解しやすくストレスのない言語体験を提供することであろう。

参考文献

JET プログラム　https://jetprogramme.org/ja/
長崎原爆資料館 展示解説　https://qrkaisetsu.nagasakipeace.jp/select.php?pid=1

取材協力

長崎市　秘書広報部国際課・まちづくり部景観推進室
一般社団法人長崎国際観光コンベンション協会

執筆者一覧

小林潔 (Kobayashi, Kiyoshi)

神奈川大学国際日本学部非常勤講師。専門は、ロシア語学、ロシア語教育。第5章担当。

コロナ禍の中、家人が社会人院生に。狭い自室で配信と受講が交錯する日々を体験。ウクライナ戦争勃発以降は、自分の立ち位置をあらためて内省。ロシア語はプーチンだけの言語に非ず。

佐藤梓 (Sato, Azusa)

神奈川大学経営学部国際経営学科特任助教。専門は、日本語教育、教育心理学。第3章、コラム3担当。

言語景観研究の知識も経験も乏しい状態で研究グループに参加。あっという間にコロナ禍となり、長い在宅の日々。感染状況が若干落ち着いた時期にふらっと行った公園で研究の糸口を見つけ、方向性が定まり、現在に至る。

鈴木慶夏 (Suzuki, Keika)

神奈川大学外国語学部中国語学科教授。専門は、中国語学、中国語教育、第二言語としての中国語習得。第2章担当。

コロナ禍でのオンライン授業を機に札幌へ転居。住み心地がよく、現在も札幌市民で北海道民。目下の課題は夏の暑さ対策。50年前の横浜より今の札幌のほうが夏が暑い。地球沸騰化を憂慮している。

鈴木幸子 (Suzuki, Yukiko)

神奈川大学人文研究所客員研究員。専門は、観光学、英語教育。第7章、コラム2担当。

研究を開始した年には緊急事態宣言が出され、外出の自粛が呼びかけられた。県外への出張がようやく可能になった二年目の冬、出かけた神戸の街は眩しいぐらい美しかった。外国人を受け入れようとするその姿勢と共に印象深く、気持ちを明るくしてくれた。

髙木南欧子 (Takagi, Naoko)

神奈川大学国際日本学部国際文化交流学科特任准教授。専門は意味論、日本語教育、談話分析。第6章、コラム3担当。

語学の学習だけでなく結婚、就活にまでアプリが利用される現代。教室での外国語学習がアプリに勝る点は何か。交差するデジタルとアナログの世界をうろうろしながら、環境と学びの関係を追い続けている。

堤明子 (Tsutsumi, Akiko)

スペイン・カタルーニャ州公認ガイド。バルセロナを中心にフリーのガイドとして活動。神奈川大学人文学研究所客員研究員。コラム 1 担当。

「観光は平和産業。安全・安心があってこそ」を痛感したコロナ。閑古鳥だったバルセロナが完全復活の一方、戦争や物価高で日本人観光客は戻りが遅れている。しかしガイドも減ったので、残ったガイド達で毎日奮闘中。

李忠均 (Yi, Chungkyun)

昭和女子大学全学共通教育センター専任講師。神奈川大学人文学会客員研究員。専門は、韓国語教育、日本語学、地域研究。第 4 章担当。

コロナ禍で観光客の足が途絶えた京都およびソウルの風景は忘れられない。パンデミックがもっともひどかった際、在宅生活を強いられたことは記憶に新しいが、外部との交流はオンラインによる月 1 回の言語景観の定例研究会のみ。

尹亭仁 (Yoon, Jeong-in)

神奈川大学国際日本学部国際文化交流学科教授。専門は言語学、日韓対照言語研究、韓国語教育。第 8 章担当。

2022 年 8 月、在外研究のためゼロコロナの中国へ。南の深圳で 10 日間の隔離生活と解放。深圳から北京への直行便は不可。西の重慶からやっと北京入り。険しい道のりに涙。遣唐使に畏敬の念。北京での貴重な出会い、我が人生の新たな 1 幕の始まり。

由川美音 (Yoshikawa, Mio)

慶應義塾高等学校外国語科 (中国語) 教諭。神奈川大学人文学会客員研究員。専門は、中国語学、中国語教育。第 1 章、コラム 4 担当。

コロナ禍に観光案内所職員から大学教員に転職。入職ガイダンスは割愛で大量の通知メールに溺れ、自宅からの遠隔授業は文字通り孤軍奮闘。この研究を通して、前職の同僚たちの環境整備に少しでも貢献できればと願う。

所属は 2024 年 4 月現在

神奈川大学人文学研究叢書53

多文化共生社会における情報発信を再考する

初版第1刷————2025年 3月 31日

編　　者————神奈川大学人文学研究所「言語景観と多文化共生」
　　　　　　　共同研究グループ

発行人————岡野秀夫
発行所————株式会社くろしお出版

　　　　　　〒102-0084　東京都千代田区二番町4-3
　　　　　　［電話］03-6261-2867　［WEB］www.9640.jp

印刷・製本　シナノ書籍印刷　　装丁　折原カズヒロ